# 会社を成長させる たった1つの法則

勝ち残る経営者、消え行く経営者を
5分で見分ける方法

事業戦略コンサルタント
久野正喜
Masaki Kuno

ビジネス社

# はじめに

ユニクロ（ファーストリテイリング）の柳井正社長　三二兆四四二五億円。

楽天の三木谷浩史社長　二兆二八一〇億円。

外食事業から介護事業にも展開するワタミの渡邉美樹社長　五兆二五〇〇億円。


この数字は何を意味するか、お分かりになりますか？

個人試算にしては桁違いに大きく、売上高や株式時価総額の何倍かの数値です。各社が目標としている売上高でもありません。先に種明かしすると、これらは本書で計算した各社の事業から生み出される「未来の価値」を算定したものです。

この数値は経営者が会社に託した**ミッション**（**経営理念**）がいかに**社会に貢献し、未来をつくり出す**かを映し出す数値でもあります。その意味では「経営者の時価総額」の意味も持つと考えています。本書ではこれを「**未来創造価値**（経営者の考えで未来に新たな価値を創造する額）」として紹介しています。

二一世紀は、これまでの経済環境や社会の枠組みの変化を伴いながらも日本を含めたアジアの時代になると予想されます。そうしたなか、日本は会社のあり方、成長のための根幹となる思考を見直す時期に来ています。そしてそれは会社の**ミッション（経営理念）を真剣につくり出すこと**から始まると私は考えています。

起業家が事業を始めようと考えたとき、何もないところからスタートしながらも不思議と協力者を得ていくことがあります。それは事業性より起業家自身に引きつけられ、引きつけられた人がまたほかの人を引きつれてくる、そういった人の引力の法則が働くからなのです。それがユーザーに広がっていくと、その会社は「なくてはならない存在」になっていきます。

その最初のきっかけは**起業家の志**です。起業家の目指すものが高い志と善意に基づいていれば、起業家の存在価値はその時点で生まれます。その志が会社にミッションとして移植されると、多くの人を引きつけるようになり、その会社が世の中に必要不可欠な存在になります。それらが整った上で次に収益性がつけば世界的な企業に成長する可能性が広がります。それは会社の事業を通じて世の中に新たな価値を人類に提供することになるのです。

私は、創業をしたいと考えた個人が志を持って事業構想を考え始めた瞬間から、その価値＝未来創造価値が生まれるものだと考えています。この未来創造価値を生み出すことが二一世紀に会社が成長して勝ち残るたった1つの法則であると信じてやみません。

私は以前一三年余りベンチャーキャピタル会社（以下「VC」と表現します）に勤めていました。VCはベンチャービジネス（以下「VB」と表現します）に投資する仕事です。ベンチャーは「冒険的・危険を伴う事業」と訳される、新しい小さな会社のことです。将来性があるが倒産のリスクもあり、銀行がお金を貸せない会社です。そういったVBに独特の判断で投資するのがVCの仕事です。

VCを日本語に直訳すれば、「危険負担資本」となります。その投資の性質上、会社の倒産を頻繁に目にします。投資した会社が倒産すると投資分は全額が損になります。お金を貸すわけではないので、債権者として残った財産を分けてもらうこともありません。その投資資金を失うリスクの一方、経営者と夢を共有して成長の過程を見るのはわがことのように楽しいものです。そして投資が成功したあかつきには、元の投資資金の何十倍、何百倍のキャピタルゲインが得られる。そういった環境で仕事をしていました。

ベンチャーの業界には不思議なめぐり合わせで入りました。

大学卒業前に大きな交通事故に遭い四回の手術、延べ六カ月の治療生活を強いられました。社会人としてのスタートが一年遅れました。その結果ベテランの揃った新しいベンチャーキャピタル会社にて仕事を始めることができるようになったのですから、人生は何が幸いするか分かりません。

入社当時は、社員二〇人にも満たないVC会社でしたので「ベンチャーを育てる会社もベンチャーから始まる」というスタートでした。以来、一三年余りのVCの勤務。その後独立してからは起業家とともに事業戦略と事業計画づくりの仕事を続けています。VBの起業家とともに喜び、ときには泣き、失敗と成功を共有してきました。そして常に「優れた経営とは何か?」という問いを求め続けてきました。

私の出会った経営者は三〇〇〇人を超えます。

手に取って読み込んできた事業計画書は一〇〇〇部を超えるものと思われます。独立後に起業家とともに作成した事業計画書は多数あります。VB組織そしてVBの起業家と関わってきたことで、ＶＢの栄枯盛衰にはいくつか成長法則性と企業の善し悪しの共通性がみえてきました。

ＶＢの経営要素は、一般的に「ヒト、モノ、カネ」と言われています。これらは目に見える経営要素です。この目に見える要素には法則性があります。そしてその三要素以外にも目に見えない経営要素があります。それら目に見えない経営要素にも実は成功の法則性があるのです。

また会社の成長ステップごとに起業家が用意しなければならないものがあります。それを身につけることで起業家は経営者へと変身を遂げていきます。そうした組織のトップが身につけていくべきもの、考え方などについてもご紹介していきます。

本書はＶＣの視点も取り入れて、ＶＢから始める経営者として身につけるべきことをさまざまなかたちで紹介していますが、経営者やエグゼクティブマネジメントの方に限らず、ミドルマネジメントをはじめ一般のビジネスパーソンの方、部や課として組織を持つ方々、そして今後リーダーとなる方にも参考になると思います。

また私が見聞きしたエピソードを交えて構成していますので、この十数年年ほどの間でＶＢの内部で起きたことやＶＣの特性を知る参考書物としても、お役に立つことができると自負しています。

二〇一〇年一〇月

久野正喜

会社を成長させるたった1つの法則―もくじ―

はじめに ―― 001

序章
私が出会った二人のすごい経営者
「がんばらない経営」で高成長 ―― 016
「こころに点火する経営」で人を育てる ―― 022
創業経営者だけが持っているもの ―― 030

第1章
ベンチャーキャピタリストは経営者のココを見ている
ＶＣの投資判断「経営者」 ―― 036
キャピタリストは五分でいい経営者・消える経営者を見抜く ―― 041
ＶＣの投資判断「企業の組織体制」 ―― 043
ＶＢの成長段階とＶＣとの出会い ―― 047

## 第2章

# 起業家に必要なもの


①信用を積み上げる ── 053
②起業家の「志」 ── 059
③経営判断　七〇%をキープする ── 065
④支えたいと思われる人間性 ── 067
⑤ナンバー2が存在している ── 069
創業経営者の時価総額 ── 072


## 第3章

# 完璧な事業計画書には投資するな!


学生起業家がつくった完璧な事業計画書 ── 079
事業計画は机上の空論か? ── 082
起業家の情熱が人を動かす ── 085
事業計画書をつくる ── 087
一九億円を投資させた人物が語ったこと ── 090
いいプレゼン、悪いプレゼンの違い ── 094

## 第4章

# お金でダメになった起業家たち

潤沢な資金が経営者をダメにする？ —— 099
億単位の資金調達で事業成功と錯覚 —— 102
突然の代表取締役解任劇 —— 107

## 第5章

# なぜ起業家は名経営者になれないのか

マネジメントとは何か —— 114
経営者の疑心暗鬼が会社を潰す —— 118
成長軌道に乗せるためのナンバー2のあり方 —— 121
トップとナンバー2は陰陽の関係 —— 124
トップとナンバー2の心理マトリックス —— 127
経歴だけを見て採用すると後悔する —— 130
飛躍できる人・成長が止まる人 —— 135
経営とは樽のようなもの —— 139

# 第6章

# ミッションが会社を成長させる


創業経営者の「志」を会社のミッションにする ―― 147
イメージできる事業は必ず成功する ―― 150
会社のミッション（経営理念）とは何か ―― 154
ミッションに共鳴するから人が集まる ―― 157
経営者の野心のために社員は動かない ―― 161
ミッションを商品としてかたちにする ―― 165
日本企業のミッション ―― 171
ビジョンとミッションの違い ―― 176
ビジョンの具現化 ―― 178
海外でのミッションの事例 ―― 180
ミッションとビジョンで決まる未来想像価値 ―― 183
未来創造価値を生み出すミッションの要素 ―― 200

第7章 未来創造価値は日本流経営の再興
日本流の経営を見直す —— 204
精神的な富と物質的な富 —— 206
新しい資本主義のかたち —— 209
日本流の経営マインド —— 211
強い企業は現場が活性化している —— 217
未来創造価値と日本流の経営が社会基盤をつくる —— 223
第8章 二一世紀の事業トレンド
上場企業が減少している理由 —— 233
中国が狙う日本企業とは? —— 235
二一世紀の事業トレンドはこれだ! —— 237
あとがき —— 243

カバーデザイン／石澤義裕
本文デザイン／佐藤ちひろ（エムアンドケイ）

# 序章

# 私が出会った二人のすごい経営者

## 「がんばらない経営」で高成長

私がVCの会社でキャピタリストとしてまだ駆け出しのころ、その経営者と出会いました。今から一六年前になります。そのころのVBの経営者は強烈な個性の持主というのが定番でしたがこの方はまったく違った印象でした。

その経営者とは、当時カトーデンキ販売株式会社（現ケーズホールディング株式会社）の社長・加藤修一氏です。同社は一九八〇年代に北関東を中心に家電量販店の展開で会社を伸ばし、一九九四年に初めてお会いしたときには既に上場企業となっていました。

一九八五年の「プラザ合意」以降の円高で多くの日本の製造業が生産拠点を海外に移した影響で、家電製品は東南アジアの日系メーカーで生産されたものが日本に入ってきました。流通業界で「価格破壊」がキーワードになった頃でした。同時に規制緩和により大規模店舗の出店も盛んになっていました。特に各流通業の量販店の各社が積極的に郊外型大型店舗を展開し、流通事業者の経営者がマスコミで取り上げられて話題になっていた時期です。

そのような時代に出会った加藤社長の印象は非常に温厚で穏やかなイメージでした。話はどれも重みがあり、「経営とは何か？」という点で学ぶことが大変多くありました。

上場する数年前にＶＣからの投資を受けていたこともあり、当時私のボスであった今原禎治氏（野村証券常務、ＪＡＦＣＯ社長、日本アジア投資社長を歴任）が、「挨拶に行って来い」ということで、お会いする機会を得ました。

水戸市の本社に訪問して、開口一番加藤社長から、「今原さんはお元気ですか？　今原さんにはＪＡＦＣＯ時代に本当にお世話になった」と、大変義理堅い一言から始まりました。用件に関する話が終わったあとには、加藤社長からこれまでの成長の話や経営のツボともいえる話を多く聞くことができました。まず成長初期の経緯とその多店舗展開の経営のポイントを伺いしました。

「父の電気店に入社してその後専務として経営を考えてきました。量販店の形態で成長したのは一九八〇年以降です。本社は水戸ですので茨城県をはじめ、周辺エリアに郊外型の店舗をつくりました。車で買いに来てくれるお客様が中心です。よって郊外型の展開を志向しているのです。じっくりいい物を選んでもらうためにも、まずの社員に商品教育に力を入れていました。またメーカーと協力して当時は一般取引だった返品制度をやめて、仕入は買い取り方式にしました。このころから社員に言っていたのは、『無理をしないで楽をして稼ぐ』手法でした。これは楽をして労働をサボろうというわけではなく、頭で考えて知恵を出し、無駄を省き効率化を求める意味です。そして経営としても『がんばらない経営』をしようということです」

「『がんばらない経営』ですか？」

「そうです、『がんばらない経営』です。競争として力まないのが重要なのです。事業計画は急成長を想定したものはつくりません。前年比で数%〜二〇%アップまでの内容でつくります。しかし必ず実行できるものにするのです。また競合店が近くに出店したらライバルとの競争として力まずに、売り上げの減少はしょうがないととらえ、売り上げ目標も減らします。競合としのぎを削るのはストレスのかかるものです。常に最小の労力で収益を向上させることを考えるのが趣旨です。あえて店舗の目標を大きくせず、全従業員に会社成長と目標の達成感を抱かせるようにしています。経営者以上に従業員は仕事の『達成感』を求めているものです」

「その結果がこの関東北部から南東北での事業拡大の戦略だったのですね。最近量販店は前年比二倍の事業計画もある中で確実な成長を狙ったのですね」

「そうです。それが当社のやり方です。急拡大は社員の育成が追いついてきません。また量販店として展開を始めた頃からですが、社員に株式を持ってもらいました。会社としても毎期決算のたびに頑張って配当していました。収益が残ると通常より高い配当を社員株主にも払いました。その配当を通じても目標達成の喜びを感じてもらうようにしました。株式上場をまだ考えてなかったのですが、大きくなる前から働いてくれた社員には報いたいと思ったからです。『社員一人あたりに五〇〇〇万円は残るように』と考えていました」

『力まない経営』『楽をする経営』をスローガンにして、無駄に力を使うのではなく、世の環境のなかでのベストの選択をしている経営だと感じました。

さらに加藤社長の言葉で印象的だったのは、次の言葉です。

「経営にはファインプレイは必要ないのです。経営者がぎりぎりのところで経営危機を乗り越えたという話はよくあります。高校野球に喩えるなら二塁と三塁を抜けるライナーをダイビングキャッチするような具合ですね。観る側には面白いですね。ただ経営者はそれではいけません。プロの経営者はダイビングキャッチもスライディングキャッチもせず、打球が飛んでくところを予想して、予め守備位置をかえて最小限の動作でキャッチする。そして、スムーズに一塁に送球する。これがプロの技ですし、経営もそうすべきです」

ＶＣで投資の失敗も抱えていた時期に私が聞いたこの話は、経営の本質の一部を垣間見ることができ感動したのを覚えています。

「確実に年二割の成長をするなら一〇年で会社は五倍以上の大きさになります」

その話をうかがったのは一九九四年でした。当時の売上高は四百一二億円。一六年経過して今回その後の成長を見ると二〇一〇年三月グループ連結決算で六四〇〇億円を超えます。一五倍以上の規模になっています。平均成長率を計算すると約二〇％。前年比では一度も売り上げが低下したことがありません。一六年前の言葉どおりの成長です。

目標の静かなる達成に向けて経営者の哲学が社内に広がった結果だと考えられます。

買収に関しても質問をしました

「同業者の買収を進めていらっしゃいますが、どうやって買収交渉をされているのですか？」

「当社はこちらから仕掛けた買収や強要する買収はしてません。銀行の方からの紹介もありますが、ほとんど先方から『一緒になりたい』『グループに入りたい』『ＦＣに入りたい』と言ってこられます。当社の買い取り式のローコスト手法を同業者の方にも勉強会をしてオープンにしています。その中で賛同された方には共同仕入れを提案しています。そうし

**ケーズホールディングスグループ売上高の成長推移**

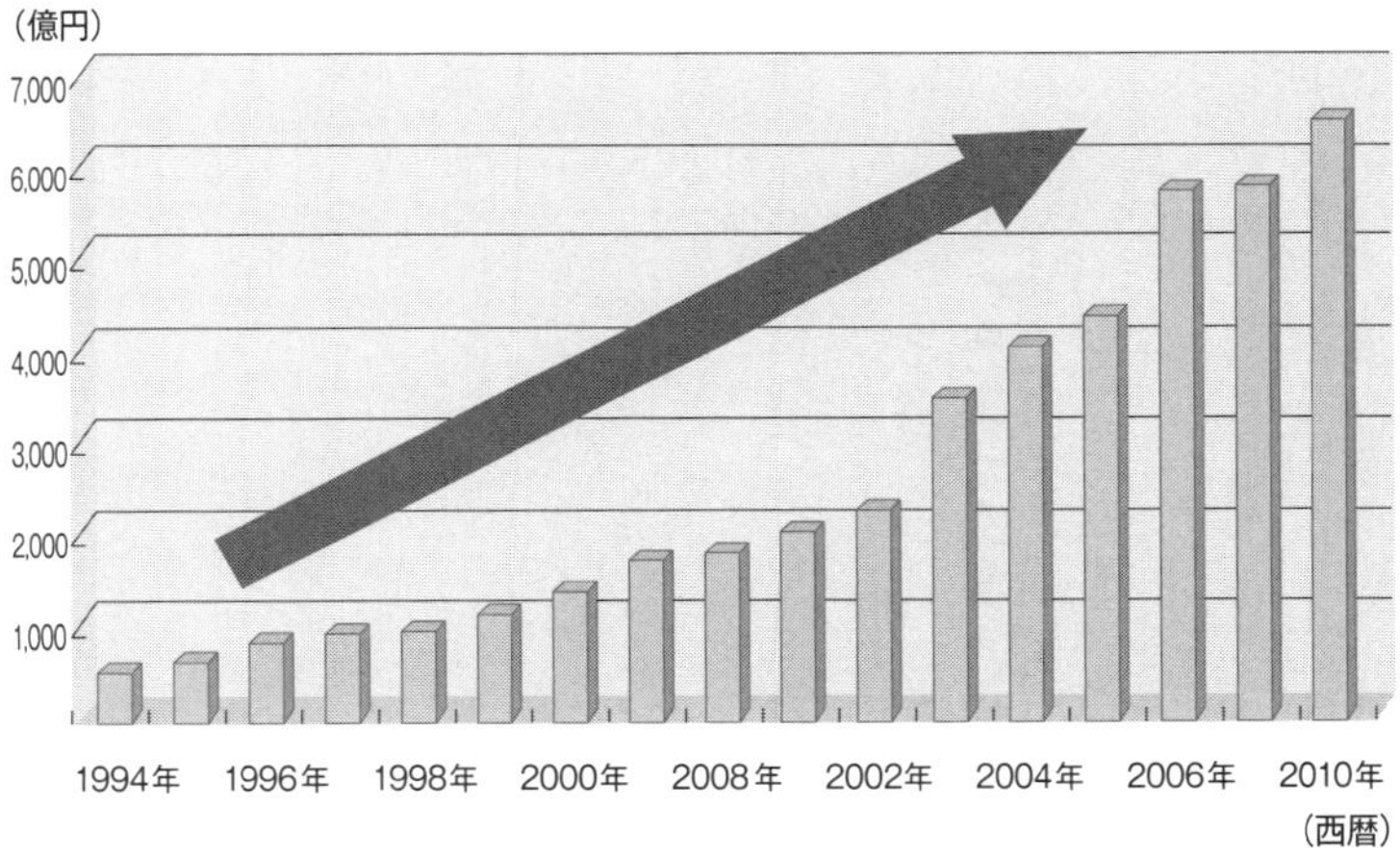


て当社のやり方を知っていただいているだけなのです。ご希望があればＰＯＳシステムなど管理システムもＦＣとして提供します。そうやって同業者の方々とお付き合いするうちにグループ会社になりたいという申し入れがあるのです」

この戦略に同業他社が共感してグループ傘下になりたいと望み、ＦＣや子会社としてグループに加わりたいという効果をもたらしました。直江兼続が兜の愛をつけたことで敵方がその真意を確かめに来て戦にならなかったという話と重なるイメージです。さらに加藤社長は言います。

「『人』を中心に据えた経営。当社は、従業員、取引先様、お客様そして株主様という『人』に支えられております。いずれが欠けても成り立ちません。当社はこの人の『わ（和、輪）』を大切にしていくことでお互いが幸福を感じられるような経営をしていきたいと考えています」

ケーズホールディングスの経営理念の一つです。

この加藤社長の話からは、ローコストオペレーションを柔軟な発想から仕組みをつくっています。従業員を甘やかすことではなく仕事に集中できる職場環境を提供をして、雇用の定着をはかっているといえます。そのうえで事業目標を提示して社員がその完遂のために集中することができ安定的な成長を実現できます。従業員が会社を好きだからできる成長なのかもしれません。

## 「こころに点火する経営」で人を育てる

バンクーバー五輪のスピードスケート男子五〇〇メートルで銀メダルを獲得した長島圭一郎さんと銅メダルの加藤条治さんは、ともに日本電産サンキョーの社員です。二〇一〇年オリンピック後の新聞報道によると、「メダル獲得により、会社から長島さんには一〇〇〇万円、加藤さんには六〇〇万円の報奨金が贈られ、お二人はそれぞれ係長、主任に昇進」とされています。さらにその記事はこう続きます。

「グループの会長から『金メダル2回で社長だぞ』と声を掛けられた長島は『社長業は金メダルを取るより大変そう』と苦笑い。今後については、『ゆっくり考えたい』と話すにとどめた」

この記事にある会長というのは、日本電産グループの会長・永守重信氏のことでした。独自の経営哲学を持ち、情熱を持って伝え続ける経営者として印象的だった方です。これは今から一九年ほど遡ることになります。

一九九〇年から一九九一年、私は前職のVCで当時社長であった今原禎治氏の秘書をしていました。そのときに各界の経営者との面談に同席する機会を得ることがありました。

今原氏は野村證券で常務取締役、その後日本合同ファイナンス（現JAFCO）の社長を務め、VCファンド（投資事業組合）を日本で初めて導入し、日本でトップのVCに仕立てました。そして一九九〇年、二社目のVC、日本アジア投資（JAIC）の立ち上げの最中でした。その傍らで過ごす時間は私にとって非常に貴重な体験でした。経営というものを各会社のトップの話から学ぶ機会を頂けたからです。

今原氏も強烈なリーダーシップとカリスマ性を兼ね備えた経営者でした。その相手となると、ゼロから始めて成長させた経営者ですので、強烈な個性を持った経営者が多かったのです。そのなかでも情熱的な話しぶりの経営者として最も印象深かった方が、日本電産株式会社の当時社長・永守重信氏でした。

今原氏と永守社長の会話はこういった内容でした。

「永守社長、一つお願いがあります。今度当社の投資先企業の社長を集めますので、日本電産の経営について講演していただけませんか」

「今原さんの依頼なら断れませんなぁ。しかし何の話をしましょか？」

「いくらでもあるでしょう。僕が初めて日本電産に行ったときにトイレに張り出してあったスローガンは今でも覚えていますよ。確か『知恵のあるものは知恵を出せ。体力のあるものは力を出せ。知恵も体力もないものは静かに去れ』と書いてありましたね」

「いやぁ。そうですな」

「以前に永守社長から聞きました新入社員の採用方法の話もいいですよ。創業から二年後にはもう新卒を採用されていたのですね」

「今の幹部は創業期に苦労して採用しましたからね。初めて新卒採用を予定した年の試験日は誰一人応募がありませんでした。試験を受けに来た学生には寿司をごちそうしようと、特上寿司を用意したけど、結局学生は一人も来んで、自分たちでその寿司を全部食べました（笑）」

「なるほど、そうでしたか」

「翌年からは応募がありました。しかしね、優秀な学生がいきなり来るわけはありません。だから成績悪くても仕事のできる社員を採ろうと思ってね、常識外れの採用試験をしましたわ。そのときの試験はですね、イカとかモツとか入って食べるのに時間がかかりそうな弁当を用意して、あえて『ごゆっくりお召し上がりください』。食事の終わった方から別室で面接します』と言います。しかし、実はその弁当を早く食べた順番に採用しましたよ」

「成績表は見ないでですか」

「そうですがな。学校の成績は全く目をつぶりました。成績を見ると、さびしい限りでしたから。これはですね理屈があって、当時戦争から復員していた親父がまだ生きてましてて言うんです。『軍隊では飯の食うのが早い奴は仕事できた』と。『これやっ！』と思って、そんな試験にしました。つくったばかりの会社にはダイヤモンドの原石の社員を入れなあかん。それを学校の成績以外で探しあてなならんから、知恵を絞ってこんな方法にしました」

「その後も変わった採用試験でしたね」

「翌年は採用試験をマラソン競争にしました。でもね、単に速い奴だけ採用したらあきまへん。最初から最後まで一定のペースで走る奴がいい。これを採用したのがよかった。いまでもコツコツええ仕事します」

「全くユニークですね。ところで、最近多くの企業を買収して再建されていますね」

「最近は経営が行き詰まった会社を再生してほしいという依頼も多いです。買収して子会社にして再建しています。再建のときでも、うちは絶対に人を辞めさせるリストラはしまへん。社員のやる気さえ上がれば、必ず再建できます。先日もある会社の面倒をみてくれ言われて子会社にしましたけど、人員削減はしません。しかし死にもの狂いで働いてもらいます」

「そうですか、しかしどうして日本電産の社員はそんなに猛烈に働くのですか？」

「うちの会社のモットーは『知的ハードワーキング』ですからね」

「私も繰り返して社員には仕事で何が重要なのかを繰り返して、何度も同じことを言い続けますが、永守さんも相当情熱を込めて社員に言い続けますね」

「とびっきり優秀な社員は自分でやることも自分で決められます。そして何も言わんでもきっちり仕事しますね。こういう自ら目標を持って燃える人材を『自燃性人間』と言うてます。これは会社の中でもほんの一部しかいません。

その次に優秀な社員は誰かが情熱込めてエネルギーを注ぐと反応しよります。他人が燃えていることで自らも燃える人材を『他燃性人間』と言うてます。その他燃性社員を燃えさせるには近くに自燃性人間を配置するのがいいのです。でもそれができない場合にはリーダーが燃えて全員を燃えさせるしかありません。だから社長の私自身が燃える必要があるわけですな。

しかしね、どんなに情熱込めても反応しない『不燃性の社員』もいます。どうしようもないです。ただそれも会社には潤滑油として必要です。社長やっているとそんな社員のお世辞もたまにはうれしいでしゃろ」

「はっはっは、なるほどね」

「僕は社員をとにかく叱り倒してます。世間では『人材は褒めて育てろ』って言います。『褒めて社員を育てろ』という本も山ほどあるけど、あれは嘘ですわ。僕は叱って叱って叱り倒して、ほんまに成果出たときにちょっとだけ褒めます。今原さんも同じじゃから分かると思うけど、叱るのはしんどいですよ。体力いりますわ。五分叱ったら、そのフォローのため何倍かの時間を使わなあかん。でもね、叱ったときの私のルールも決めてあります。叱った後はそのことはきれいさっぱり忘れることにしてます。同じことで繰り返しは叱りません。

最近は会社が有名になってきて、優秀な社員が入ってきます。今はそいつらをいかに揺さぶるかが重要です。頭のええやつはすぐにできへん理由を見つけて『社長、それは不可能です』と抜かしてくる」

「そうそう。東大卒とかは、そうですな」

「うちの会社は最初からそうですけど、不可能なことを可能にして伸びてきました。一九七〇年当時『小型モーターは儲からん』と言うて、各社撤退する中で、僕はね、創業したんです。『この業界の仕事で創業するなんて頭おかしいんちゃうか』と言われました。最初の仕事をある会社の研究開発部門から取って来たときでした。今あるモーターの体積を三分の一にしたら、採用するという条件の仕事でしたわ。この仕事を預かって、会社に戻ったら社員のほうがあきれて、『社長、無理ですよ』なんて言いよるから、『無理という言葉を使うな！』『よし！　できる、できると百回言うぞって』って、本当に言わして、それでも足りんで、もう百回言わして、何人かが『少しできる気になりました』というのを聞いてから、開発に取りかからせました」

「今もそうさせるのですか？」

「似たようなことをしてます。頭のええ技術者に対してはあえてそうしてます。頭がいい技術者は説明をしだすと、言い訳と理屈がうまい。こっちから『できたか？　できへんかったんか？　できへんかった話なら聞かんから』言うて追い返します。不可能と思うことをやってのけて当社の存在価値がありますから」

社員を叱るばかりの印象がありましたが、そのあとの永守さん話を聞くとこうした話が出てきました。

「普段は僕はね、叱るのが常ですけど、一年に二回だけ社員を褒めることにしてます。ボーナスの支給日だけはすべての社員を褒めるのです。それも手書きの手紙で褒めてます。これもしんどいですよ、今は社員も増えましたから、この褒める手紙を書くのも二カ月前から書き始めんと間に合わん」

日本電産はコンピューターをはじめ電気製品のモーター需要を受けて成長を続けています。またその後も製造業の企業買収と買収企業の事業再生をいくつも成功させています。もうグループ全体の連結決算では売り上げ一兆円になります。

## 創業経営者だけが持っているもの

二人の経営者をご紹介しました。VBとしてスタートして上場企業となりその後も成長し続けている二社です。二人の経営者に共通しているのは会社運営にリーダーとしての「**愛情**」を従業員に対して持っている点です。経営者が厳しく冷徹非情では誰もそのリーダーについていくことはないでしょう。名経営者は、その厳しいなかにも愛情が感じられて、その言葉を受け取るほうも言うことを聞いてしまうものです。

経営者の愛情は、製品にも込められます。それをユーザーが感じられれば、**愛用品**、**愛読書**、**愛車**になります。店舗の消費者には愛顧され、会社の従業員は**愛社精神**で繁栄します。そういったシンプルな連鎖が経営者の考えから始まるのではないでしょうか。

この二人の経営者の共通点は明確な経営理念を持って、それを発信し続けていること。そして、目標達成にこだわり続けていることです。これらは次の章以降でも取り上げている優れた経営に必須のものなのです。

起業家から始まり経営者に至る道のりということで言えば、現役の経営者でこの二〇年の成長と今現在の成長が会社の独創性とともに話題に上るのは、ソフトバンクの孫正義社長でしょう。

孫社長は、アメリカの大学生の時代に開発した翻訳機をシャープに一億円で売却しました。その資金をもとに日本に一九八一年にソフトバンクを設立、ソフトウエアの流通業の事業から始め、ほぼ同時期に出版事業も始めます。九二年には投資事業を開始。九四年に米国法人を設立。九四年にジャスダックに株式公開。九六年に株式公開後に投資事業の成功といわれる、設立から六カ月目の米国Yahoo inc.へ投資。同九六年には日本法人ヤフーを設立。アメリカのヤフーは、ネット界でのポータルサイトの巨人となり、Yahoo Inc.の投資によって得たキャピタルゲインは、次の事業への原資となりました。九六年以降はメディアへの投資、ゲーム事業、インターネット証券などの事業を開始。

次の転機は二〇〇一年のブロードバンド回線の販売ヤフーBB事業の参入。その後有線回線の日本テレコムの買収が〇四年。そして大転機は、二〇〇六年のボーダフォンの買収によるモバイル通信事業への参入です。

創業期のソフトの流通と出版事業、インターネットポータル事業とその他ネット事業。

通信回線のビジネス、さらにモバイル通信事業。新規事業に参入転換するときはよく経営危機説が流れます。周辺からみると大変なリスクに思えます。

このように創業経営者は成長段階を迎えるごとに勝負に出ます。そのときどきに決断にかける勇気があります。

共通するのは、それまで築いたものを無にすることをいとわない勇気です。それはそれ以前に築き上げた資産を失うことをも全く厭わない勇気です。会社が大きくなってもこの英断ができるのは、並大抵の度胸ではないと感じます。

起業家として会社を創業していく方はこの二〇年でだいぶ増加しています。しかし、その後、会社の危機に直面した経験から学び続けて成長を続けられる経営者はまだ少数派です。

二一世紀は二〇世紀とは違った世界情勢と経済環境の大変化の中で経営をすることになります。間違いなくアジアの世紀になるでしょう。欧米で決められた枠組みが変化する可能性もあります。資本主義のあり方自体が変わる可能性も秘めています。そうした二一世紀に経営者として持つべきものは何か、を本書では考えていきます。私がこうしたことを考えるようになったのも、ＶＣという仕事を通じて、経営に触れ続けたからです。

次の第1章では私がＶＣ時代にＶＢへ投資するにあたって、ＶＣおよびキャピタリストの視点でどういった起業家に投資をしたか、会社をどう見たかについてご紹介していきます。さらにその後の第二章ではＶＣの仕事を離れてＶＢの経営者と共に過ごした経験から、起業家に必要な全要素を考えていきます。さらに二一世紀の経営者の条件を考慮してまいります。

# 第1章

## ベンチャーキャピタリストは経営者のココを見ている

## VCの投資判断「経営者」

VCはどんな会社に投資をするのでしょうか?

VBが対象ですので現在は小さくても今後急成長する事業です。VCの投資では何を判断するのでしょうか?

私がキャピタリストだったときは、まず経営者に次の事項が当てはまるかをチェックしていました。それをご紹介しましょう。

### ①正直で約束を守る人物か

経営者が正直で誠実で信用できるか? これがまずキャピタリストが見るポイントです。VCのVBの投資判断に限らず、世界中どのビジネスでも当然のことです。この基本中の基本が第一の判断になります。

詐欺まがい、虚偽報告、融資対策のための粉飾決算などは言うに及ばず対象外ですが、リップサービス程度で口にしたちょっとしたことでも履行されなければその瞬間に誠実な経営者とは見えなくなります。こんな例もあります。著名人や有名人と友人関係のように「私は○○さんとは非常に懇意にしていて……」と聞いていて、しばらくしてその関係を問うと「名刺交換しただけの関係」だったと分かる。こういったのも不誠実な人の一種です。投資すべきではない経営者と判断していました。また後の章でもこの起業家の誠実性に関してはより深く考えていきます。

## ②頭を使い続けられる人―学歴は問わない

起業家の能力は学問としての頭のよさとは別の次元のところにあります。学校教育の勉強ができたいわゆるインテリの人は起業家には向いていません。「東大卒のＶＢ経営者には投資するな」という言い伝えがＶＣ業界にはあります。私の出会った東大卒の起業家も名経営者に成長できた方は非常に少ないです。最近これはどうも脳の使い方に違いがあるためと分かってきました。

ＶＢでは切れ味のよい頭、回転のよい頭脳より、何日も考え続けて答えの出せるタフな頭のほうが重要です。頭のよさとは別の次元の「**頭の強さ**」と言えます。さらに必要なのはインスピレーション。脳全体で答えを出す方法です。

ある医療系ソフトウエアのＶＢの社長の場合もそうでした。新規の消耗資材の在庫管理をして手術原価まで計算するソフトウエアを、病院の倉庫、病棟、取引業者のすべてに連携して導入するのです。病院での導入が進んでも、病院からも医療機器の業者からも問題が生じます。その日にすぐ幹部がそろい解決策を議論するのですが、すぐ結論は出ません。この社長はよく「一日考えさせてくれ」といって持ち帰ります。翌日になると、社長から「よい解決案を思いついた」と画期的案が出てくるのです。これが頻繁に続いたので、私は社長にそっと「どなたかに相談をしているのですか？」と尋ねたのですが、「いいえ、時間が許す限り考え続けているのです、食事のときも風呂でもトイレでも夢の中でも、身体全身で考えていると、答えが下りてくる感じで見つかります」と答えました。

こういった頭の使い方をできる人です。

## ③リスクを楽しめる人

ＶＢではベンチャーマインドが必要とよく言われます。チャレンジする精神が必要とも言い換えられます。リスクを分析して認識したうえで果敢に取り組む起業家はこうした人です。これはリスクある判断を苦痛に思う人にできるものではありません。むしろそのリスクを楽しみながら仕事ができる人といえます。

どんなに会社が大きくなってもトップが腹を据えた勇気ある行動を率先すると、チャレンジ精神の豊かな組織文化が生まれてきます。上場後に組織のスピード感が低下するＶＢの事例は多いものです。これは創業した経営者がリスクテイカーを放棄して、つくり上げたものを守ろうとする心理が影響しているからです。リスクテイクを楽しめる気持ちを持っていること。経営者として必要な第三はこれです。

### ④目標達成に執着力のある人

自ら事業を起こした創業経営者は、「なんでも一番が好き」という人が多いものです。それは素質として必要なことだと思います。トップの素質としての四つ目は、そういった目的達成の執着力です。勝つことに対してのこだわりともいえます。これは血眼になってするだけでなく、静かに粛々とすすめるスタイルもあります。

松下幸之助氏の語録にあります。

「成功とは成功まで継続することだ」

エジソンもフィラメントの開発には何千回以上実験がうまくいかなくても、「失敗」とは言いませんでした。何千回以上の実験と言い続けたといいます。

ただし近年、目につくのは、「勝つために手段を選ばない、何をしてもいい、収益のために法律遵守さえできない」といった一部の行動です。会社の収益ということ以前に経営者の存在価値自体がないものです。手段を選ばず貪欲になるのと、フェアなうえで勝ちにこだわるのとでは全く違うレベルの話です。その違いを分かったうえの執着力を持った人です。

### ⑤ 精神的な余裕と責任感のある人

どんなときも精神的なゆとりがあるということです。窮地にあっても自分を第三者の視点で見つめることができ、自分の失敗を笑いにできる人。「ユーモアセンス」からその特性が分かってきます。一昔前は創業経営者が事業の失敗とともに自殺することも珍しくなかったのですが、そういった精神的窮地に陥らないためにも必要な余裕を持てる素質が必要です。

精神的余裕と責任感ということでは、経営者とは違う歴史上の人物ですが、アーネスト・シャクルトンが一番例えにふさわしいでしょう。彼は一九世紀の英国の探検家でスコット、アムンゼンと同時期の人物です。南極横断の準備を整え二七名のメンバーとも当時の木造帆船で向かい、南極に上陸する前に氷山に阻まれ座礁、進むことも退くこともできなくなります。スタートでつまずきます。南極横断はあきらめざるを得ません。そして今度はいかに全員を生還させるかが目標になりました。八カ月間、氷に阻まれ船上で過ごしますが、その後氷の圧力で船が崩壊。今度は氷上を数台の救命ボートを引いて移動します。救命ボートで氷上と洋上を一八〇〇キロ移動し、トータル期間一年八カ月後にチリ沖の島にたどり着き、全員を生還させたリーダーです。

絶望的な状況下において隊員の希望を失わせずビジョンを示し続けた、冷静な判断と決断力が言われています。もっともユニークなエピソードは、楽器は最後の最後まで必要物資として携帯させ、毎日夕食後には音楽のレクリエーションを欠かさなかったという点です。危機に陥って持てるゆとりは非常に貴重なもので、そのリーダーの素質であると言えます。

## キャピタリストは五分でいい経営者・消える経営者を見抜く

キャピタリストは、経営者の事業計画書の説明を受けると、最初の五分程度でその事業が投資対象たりうるのかの判断をしています。最初の一言で「聞く人の知識背景まで想定しているか」「キーワードを絞っているか」などを感じ、最初の五分では話の自信の度合い、次の五分は事業の内容からその製品サービス市場の知識を総動員して、目の前の会社の市場ポジショニングをします。同時にその製品市場の今後の成長性と拡張性を判断していきます。その後の五分はプレゼンを聞きながら、事業計画書のページをめくり、事業戦略の濃度をみて、五～一五分後には判断していることは多いです。

すべてがそうではなく三〇分経過した後にその事業投資判断を「先入観で判断してないか？」と考え直すこともあります。その場合は事業説明をゆっくり聞くよりもキャピタリストのほうから経営者に質問攻めしている可能性が強いです。

よって三〇分を過ぎても質問を受けない場合は、よほど聞き惚れているか、別のことを考えているかのどちらかです。

質問がないとき、キャピタリストはどう断ろうか考えています。相手の立場も尊重し、紹介者の顔をたてて、自社の印象を悪くせず、どうやって投資しないことを伝えようかと考えています。プレゼンの後にＶＣのコメントでＯＫなのかＮＯなのか分からない感じを抱いたら、それは「実質的にＮＯ」です。

例えばＶＣがこういう言葉を使ったときです。

「すでに投資している先との利益相反が生じるのが懸念です」「少し出合うのが遅すぎました。もう数カ月出会いたかった」「ほかのＶＣはもう投資を決めたところはありますか。他社が投資していたら投資しやすかったな」「御社の事業分野はどうも分からなくて……」などです。魅力を感じたら利益相反でも投資しますし、ほかのＶＣが投資してなければチャンスとも思います。

またプレゼンテーションをしてその後一〇日も何の連絡もなくどうしたのかなと感じたときも、それは「ＶＣ側が自然消滅を望んでいる」といえます。

## ＶＣの投資判断「企業の組織体制」

前項はではキャピタリストとしての「経営者に対する判断」でした。私はＶＣで投資経験を積むにつれて、経営者に対する判断以外に、対象会社が小さい段階でも**組織として伸びていく会社のポイント**もあることが分かってきました。ＶＢが成長軌道に乗っていくには、次の5つの要素が欠かせません。

**①意思決定のスピードが速い**

スピードだけを差別化にして成長したともいえるVBもあります。上場後もスピード感のあるベンチャー精神が保たれているのは、やることの早い会社です。

**②創業経営者の補佐役が存在している**

ナンバー2がいることはVBの急成長には必要な要素です。この点はトップとの相性の問題、またトップが人心掌握するかも非常に重要な問題です。これは後の章で再度詳しく取り上げていきます。

**③新卒の採用を行っている**

中途採用よりも新卒採用にこだわっている会社は不思議と急成長します。時間のかかる新卒採用を定期的に行っている会社は「急がば回れ」で、人を育てるのが早いのです。また会社の風土を新卒採用によって柔軟につくっていくこともできます。

**④会社のコスト意識がある**

無駄使いをしない体質の会社です。企業成長に必要な資金の使い方ができていれば、あとはケチでいられる会社です。このコスト意識は、トップやマネジメントチームが背中で見せて会社の文化として創業初期につくることが重要です。

### ⑤会社の方向性が明確である

会社の方向性が明確でどの社員もそれを語れる。成長の勢いに乗っている会社の特長です。そのために必要なミッション等についても後の章で考えていきます。

### ⑥市場でのポジショニング

ＶＣは五年から七年以内に株式上場できるＶＢに投資するためタイミングの判断が必要です。そうするとそのＶＢが今扱っている製品・サービスが時代に少しだけ先行していることが必要です。それは世の中にある事業より半歩から一歩早い事業であり、タイミングが早すぎず遅すぎないこと。さらに、競合他社が少ないマーケットで展開しているか、または競合があっても他社より優れていることです。

以上「経営者」「会社組織」の両方でＶＣの投資判断のポイントをご紹介しました。

しかしながら、これだけではまだ不足しているということに私が気づくのは、ＶＣの退職後、ＶＢ支援の事業で独立した後でした。それは次の二章にて詳しくご紹介します。

## コラム　VCのチェックポイント

ＶＣがＶＢへの投資判断をするときにこっそりチェックすることは結構あります。「学者でないこと・博士号を持っていないこと」「髭を生やしていないこと」「社内に女性関係がないこと」も投資判断に影響していたこともあります。

また経営者の自宅をチェックするのもその一つでした。経営者の自宅を一見するだけで案外とさまざまな情報がとれます。自宅の壁に特定の政治家のポスターの貼り付けの許可をしているケース。これはどの政党の支持者か明確に分かります。

所有する自家用自動車をチェックすることもありました。高級外国車が単に不適当というのではないのです。会社の利益水準と比べると、経営者の頭の中の優先順位が分かってくるからです。自分の対外的見え方をどれぐらい気にするのかというのも想像がつきます。

会社の受付周りの気にかけ方、応接の調度品、掃除の具合、壁の絵などなど。気になる点はすべて「なぜか」と考えます。断片的な現象で経営者の考えを探り、それから影響する将来を見抜いていくのはキャピタリストの習性ともいえます。

## ＶＢの成長段階とＶＣとの出会い

ＶＢの成長段階は大きく四つの段階に区分できます。

第一段階では、会社をつくる段階（シードステージ）。事業が動き出す段階です。資金は創業した起業家の個人の資金です。シードとは種という意味で、事業の芽が出る前の段階を示します。

第二段階では、会社を立ち上げる段階（アーリーステージ）。事業が拡大を開始し、組織ができ始めるころの段階です。

第三段階では、会社を伸ばす段階（ミドルステージ）。事業が拡大を始め、人材や資金の投入が必要になる頃です。ＶＣの外部からの資金調達も本格化します。

第四段階では、会社を拡大安定させる段階（パブリックステージ）。ＶＢが組織運営に移行する時期です。株式上場を準備する時期です。

ところで、ＶＣはＶＢにどのようにして出会うものでしょうか？

キャピタリストは毎日新たなＶＢを探し求めて「ファインディング（ＶＢの発掘）」活動をしています。日本においては、それによる出会いが一番多いのです。つまりＶＣからのＶＢへの直接の接触です。

ＶＣのキャピタリストたちの間では、ＶＢや経営者に関しての会話は毎日あります。少し前の例ですが、一九九〇年ごろ、同僚がファインデング営業から帰社したとたん私に言うのです。


「今日はいい会社と出合ったんですよ！」

「おっ、よかったじゃない！　若い社長？　何の業界？」

「二七歳ぐらいの社長。横浜でレンタルレコードの店長を経験して、その後創業して今は南町田が事務所です。欧米からダンス音楽のＣＤを輸入している会社。ユーロビートとかですね。今は音楽ＣＤの輸入ですが、すぐにでも自らがレコード会社になり、アーチストも育てるという大きな夢を熱く語ってくれました。資本金は一〇〇〇万円。売り上げは急激に伸びています。若い社員ばかりで、すっごく楽しそうに仕事をしているのです」

「すっごいね、ユニークな会社だね」

## ベンチャービジネスの成長ステージ

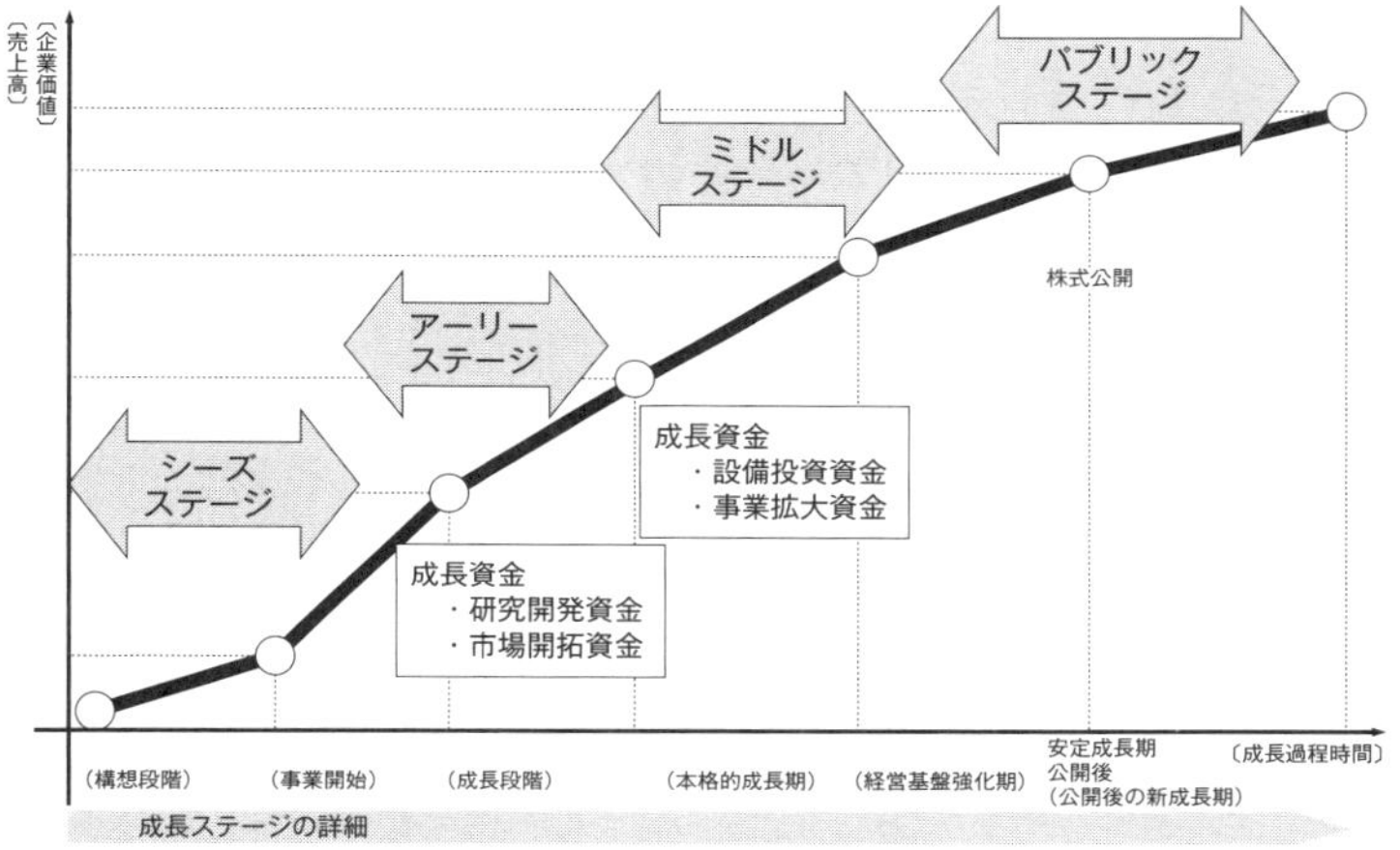


「この会社、ぜったい投資したい！」

こういった感じです。

この会社はエイベックスでした。現在のエイベックスホールディングスです。そのときに彼が会った社長は当時の松浦社長（後に専務、現在社長）、エイベックスの創業者だったのです。

出会った瞬間、ＶＢの経営者にほれ込んでしまうような出会いもＶＣのファインディングではよくあるのです。

このファインディング営業はＶＢを探し経営者と会うことから始まります。新製品の広告、人材募集広告をキャピタリストは毎日チェックしています。

ＶＢに投資を受け入れる用意があることが大前提ですが、ＶＢの事業計画がＶＣの投資審査をパスして、投資条件が合えば、投資契約をして、ＶＣは資金を投入します。

ＶＣは最終的には投資分を将来、市場で売却してキャピタルゲインで収益を上げること目指します。ＶＣはＶＢが成長するように手助けをしますし、さらに他社との事業提携も進めていきます。

エイベックスを訪問した担当者はその後残念ながら投資する機会までには至りませんでした。当時は資本金一〇〇〇万円。もし投資していたら、利益等を含めた会社の時価総額はおおよそ一億円と試算できます。一九九五年の株式上場後はこの時価総額は五〇〇億円を超える時価総額になります。会社の時価総額価値は五百倍以上になることを目の当たりにしたことになります。

# 第2章

# 起業家に必要なもの

ＶＣ業務を経験した私はその後二〇〇二年に独立しました。その後八年にわたり起業家の側に立ったＶＢ支援の仕事を行っています。ＶＢの経営者サイドに立つことで、以前のＶＣという投資家の立場では見ることのできなかったＶＢの実情、経営者の本音、経営者の心理状況などに触れ続けてきました。その経験はＶＣ時代の出来事をＶＢの視点で総括することに収斂しました。

そこから分かった起業家としてのさらに必要な要素をご紹介します。それは**①信用を積み上げること②起業家の志を固めること③七〇％のリスク分析でチャレンジ経営判断すること④人から支えられる人間性⑤ナンバー２を持っている**ことです。

またその反対に何が欠如すると経営に問題があるのかは、三章から五章にエピソードとして入れてまいります。抜粋すると、①資金使途の計画が不明瞭な場合②ミッションをつくりこんでいない場合③経営のバランス感覚の欠如④経営者の人の器量不足などがあげられます。

## ①信用を積み上げる

創業して間もない頃、一番重要なのは、資金調達よりもビジネスモデルよりも、信用を積み上げることです。顧客に対しても取引先の社外に対しても従業員に対しても、信用は積み上げていく必要があります。創業時期の信用を築くには、まるで一円玉か五円玉を重ね上げてまとまったお金をためるような努力が欠かせません。

創業初期に資金調達ができて安心してしまい、信用の積み上げを怠るVBがあります。この時期の資金調達は信用が確立しているからではありません。ですから、VCから運よく資金調達ができても、その後信用を積み上げる必要があるのです。それを怠ったがゆえの失敗は多数あります。

では、その信用はどうやって築いていくものでしょうか。

VCで投資業務を行っていたときには、「どんな会社に投資するか」というよりも、「どの社長に投資すべきか」という判断だったことは前章でもご紹介しました。それを最初に教わったのは今原禎治氏からでした。秘書だったとき、私は師である今原氏に質問をしました。

「今原さん。ベンチャー投資を成功させるには、どういう会社に投資するのがよいのでしょうか」

「考え方が最初から間違っているな。まず君は会社に投資するという考えを改めたほうがよい。経営者に投資することだ」

「経営者に投資するのですか？」

「そのとおり！」

「ではどういう経営者に投資すればよいのでしょうか」

「よい経営をできる経営者だな」

まるで禅問答のようです。

「よい経営をできる経営者は、どういう経営者なのですか？」

「約束を一〇〇％守る経営者だ」

「約束を守る経営者……ですか？　それだけでよいのですか？」

「こら！　それだけと言うが、約束を一〇〇％守る経営者はそんなに多くない。いいか！

## K社長の毛筆での礼状文面

拝啓
秋冷の心地よい季節となりました。
ますますご盛栄のこととお慶び申し上げます。
平素は格別のお引き立てをいただき厚く御礼申し上げます。
先日は大磯でのゴルフにお招き頂き誠にありがとうございます。
大変楽しい時間を過ごすことができました。
お土産に頂戴しました夕張メロンも大変美味しく、
家族も喜んでおりました。
さてプレー中にも話題にさせて頂きました件、
欧州米国事業者の日本への進出状況を
取り急ぎ資料として同封させていただきました。
また今後の日本への進出見通しを社内で調査させ資料作成させてお
ります。
五日ほどでまとまりますので追ってお持ちさせていただきます。
もう少々時間を頂戴できれば幸いです。
朝夕はだいぶ涼しくなって参りました。
お風邪など召しませんせん様、ご健康をお祈り申し上げます。
敬具
平成二年一〇月吉日
□□　□□
今原禎治　様
追伸
○○○○○○

どんな細かいことでも口にしたことを一〇〇％守る人物だぞ。九九％でも駄目だ。どんな些細なことでも必ず約束を守り抜く人物という意味だ。これができる経営者と付き合い、投資すること。それがＶＣのベンチャー投資の早道であり、王道だ」

一九九〇年初頭に上場したあるサービス業の創業経営者のＫ社長は、必ず約束を守る方でした。私が今原氏の秘書をしていたとき、Ｋ社長とゴルフ・会食などをした翌々日には、筆書きの礼状が必ず送られてきました。

　それも単に形式的な礼状ではないのです。その会食時に出た話題を網羅している内容です。そして、会話の中で約束した資料を手配中である、何日に送付するという内容も記載されているのです。毎回必ず毛筆の達筆で、大変丁寧な内容なのです。

　手紙のことを今原氏に、「毎回の丁寧な礼状に感服しています」と話題にしました。

「そうか、気づいたか。Ｋさんとはそういう人物なのだ。信用がいかに重要かを身に沁みて知っているのだよ。以前のＶＣのＪＡＦＣＯの頃だな、僕はね、あの業界ほとんどの社長に直接会ってきた。直接会う以外に、ときにはＶＣの審査部の社員を先方の事務所の中で業務体験させた。そうしてどの会社に投資すべきかを決めていった。その中でもＫ社長は一番信用できる経営者だと確信した。だから今も尊敬してお付き合いしていられる」

「だからいつも、お二人は敬語なのですね」

「そうだ。付き合いは長いが、お互い尊敬し合っている。一〇〇％約束を守れるという人は信用というものを得られる。信用されることの価値をよく分かっている。今の仕事が過去の行った仕事の信用の上に成り立っていることもよく理解している」

「なるほど。分かってきました」

「コツコツ積み上げた信用が一つのことでアッという間に崩れることも、それを回復するのに何倍の労力と年数もかかる怖さも知っているということだ」

約束を守る。それも一〇〇％守る。信用を築くための最も基本です。これを守れるのは起業家の重要な要素です。

信用できる人物かどうか――。

投資判断の際には、私は必ずその点に着目していました。それはごく些細なところで分かります。例えば、面談中に「今度、昔の記念写真をお見せします」とか、「話題のスイーツを用意します」とか本来面談時のテーマと関係のない程度のことでも、決して忘れず、実行する人。こうした些細な約束からも分かります。

投資に迷ったとき、あえてつまらない約束をして、その後どうなるかを待ってみたこともあります。些細な約束をして忘れたふりを装って返事を待ったこともあります。

例えば、私から「〇〇を貸してほしい」とか依頼して、実現されるか。話題のビジネス書を会話で出し「読んでみます」と経営者が言って、実現されるか。こうしたことをしばらくしてチェックしていました。約束は実行されなくても双方に何の不利益もない事柄を選びます。

予め方位学的にその方によい方位を調べて、「あそこの神社は、お参りすると気の巡りがよくなりますから、是非行ってみてください」というのもありました。

「分かりました、是非行ってみます」という一言を聞いて、その後確認していました。

リップサービス癖のある方は、少なくともVCに対しては、履行されないリップサービスはやめたほうがいいです。今も一部のキャピタリストはこうやって創業経営者の信用度をそっとチェックしているかもしれません。多くのVBの創業初期の経営の問題は実は「信用の回復」、つまり経営者の誠実性で解決されることが多いものです。

## コラム　信用は今すぐにつくるべき

現在会社勤務をしながら起業を考えている方にお教えします。信用は起業する前から非常に重要なのです。今目の前にある仕事でも、約束を守りながら信用を得ておく、信頼を今の取引先においても構築しておくことです。独立したのちにもあなた自身の信用は保たれるからです。そういった信用が活きて独立後に仕事になることも珍しいことではありません。特に今の業務で窮地に陥っていたとしたら、それは仕事ぶりを示すチャンスです。あなたの仕事に道理が通っているか否かは今現在の評価より、長期的な評価になって現れます。利己的な判断でなく人を助けられるような決断をした人はのちのち救われます。見ている人は見ていて、のちのちチャンスが巡ってくるものです。

## ②起業家の「志」

信用の次に重要になるのは「志」を持って始めることです。もし「志」なく会社をスタートしていたら、少しでも早い段階で、起業家はやりとげるべき「志」を明確にしていく作業が必要です。

「志」とさらに「役割意識」を持った印象深い経営者をご紹介しましょう。

フランスの植物療法を基礎にもち化粧品、スキンケア製品、ベビークリームなど植物成分のこだわり製品をつくっているS社のM社長。女性の創業経営者です。

ケミカルフリーをぎりぎりのレベルで実現し、一〇〇％信用できる製品を揃えています。植物の力を実感させられる製品です。同時に製品すべてにM社長のエネルギーが注ぎこまれています。

M社長の特徴は自分と同じように人は役割意識と志に情熱を持っていると信じていま

す。優しい口調ですが、深く強く切り込んだ質問になるので、初めてお会いしたときから質問責めにされました。

「久野さんは、どうしてＶＣの仕事を選んだのですか？」

「えっ、それはＶＢへの協力で次世代の事業を育てる手伝いができるからです」

「そうなんですね。ＶＢの協力というと投資して役員として経営に参画するのですか？」

「それは、ケースバイケースです。シェア二〇％越えると非常勤役員の枠を一席頂いてます」

「投資して、役員の枠を取って、なんだか偉そうですね」

「えっ、いや偉そう……、そうですか。そういうつもりはないのですが」

「ＶＣの仕事をしていれば、将来伸びる企業が分かるから自分で経営するのが一番よいのではないですか？」

「はい、そ、そうですが、まだ経営の経験自体はないので……」

「経営は経験しないとできないと考えているのですか？　私なんか経営の素人ですよ。では、久野さんは、そういった経営をすぐに積むのべきではないのですか？　経営というリスクをとって経験しないと、ＶＢに対して指導なんてできないのでは？　本当に経営者に役立つアドバイスをするためには」

「そうですね、今の日本のＶＣの限界はそこにあるかもしれません。」

「限界？　ＶＣの方がそう思うのは勝手ですが、そんなＶＣに投資されるＶＢにとって本当のパートナーとなるのですか？　そんなＶＣに投資されるＶＢがかわいそう。ＶＣファンドとかは、預かって運用しているお金を持っているわけでしょ。お金を出す強者の立場でいつも偉そうに役に立たない意見を言い放ちたいから投資するんじゃないのですか？」

「えぇ、そんなことは……。ないですよ」

「ＶＣファンドか知りませんが、結局は他人のお金をもとにリスクヘッジしてＶＢ投資と言ってお金を張って、株式で所有して、数年あとで高値で売って儲けるのでしょ？　銀行とあまり変わらないじゃないですか？」

「いえ、いえ銀行とは全く仕組みが違います」

「どちらにしてもＶＣ使って上場って、どうしてもピンとこない。ベンチャーで上場しているＶＢの社長も自己顕示欲を示したくて上場したって感じですよ。では、久野さんはどうして独立して経営はしないのですか？」

矢継ぎ早に質問され、たじろいでしまいました。

## 志が起業の動機になる

一段落してM社長は起業するに至ったのは経緯を次のように話してくれました。

「最初の仕事はキャビンアテンダントでした。もともとアレルギー性の気管支喘息を持っていて、過労とストレスで、国際線の搭乗勤務中に気管支喘息の発作を起こし機内で意識不明になったのです。喘息の呼吸困難は、生死をさまよう想像を絶する苦しさです。一命を取りとめて、その後半年ほど治療を行ったのですが、入院先の病院でステロイド投与を受けると、その激しい副作用で水太りというか、パンパンにふくれてしまって……」

ステロイドの皮膚の色素沈着は知っていましたが、肥満という副作用があるのは初めて知りました。

エッセンシャルオイルを取り出し試香紙で渡されました。

「これを嗅いでください。化学成分としてはヴィックス・ヴェポラップと同じ効用です。ユーカリ（ラジアタ種）のエッセンシャルオイルです。ステロイドの副作用として、異常な肥満を経験しました。その後ステロイドの使用を止めたのです。すると今度は全身の皮膚から体液が流れ出す悲惨な体験でした。誰とも会いたくないので引きこもりました。

しかしそのとき、『植物の力』に救われたのです。フランス人の友人のデルフィーヌという友人が仏の植物療法で一般的なユーカリラジアタのエッセンシャルオイルをホホバオイルで希釈して胸部をマッサージしてくれました。大変心地よくて、それ以来フランスの植物療法に関心を持ったんです。日本では民間療法や代替療法としてまだ主流にはなっていませんが、フランス、ベルギー、ドイツでは、医学部・薬学部で教えています。科学的理論、臨床データも相当も揃っているのです」

「マッサージもできるのですね。アロマテラピーは香りのおまじないかと思っていました」

「おまじないではないですよ。欧州は臨床データがすべて揃っています。理論もきちんとしています。航空会社でCAをやっている場合なんかじゃないと思い、すぐにフランス留学を決めて、まず一年間フランス語と化学を猛勉強しました。そしてパリ第十三大学の植物療法のコースに入学しました。三年勉強してフランスの国家資格をしました。フランス語でケミカルと臨床を勉強するので大変苦労しました。資格取得後に帰国しました。その植物療法学では、香りが大脳生理学的に与える影響も科学的な証明があります。また植物の有効成分は緩やかに身体入りの生理活性に効果を与え、分解された後に体外に排出されます。だから私のようなアレルギー体質、アトピーの子供、免疫力が落ちた高齢者、こういった人たちが、長期的に使っても安心です。またこの知識を女性が持つことで、日本の家庭でどれだけ予防医療分野で役立つか、非常に大きな可能性を持っています」

「そうですか、今は大学と共同研究したものを製品化したと伺いましたが」

「キノコ由来の成分で、抗菌消臭液をつくりました。常時に超音波で拡散する機械も製造します。老人介護施設で安全に使ってもらえて、アロマセラピーの効果も出せるものにしています」


M社長はいつも情熱を込めながら熱く語ります。そして出会う人々をアッという間に魅了します。そして協力者が次から次へと現れるのです。

今では日本の植物学、分子生物学、薬学といった分野の研究者たちの協力を得て有効植物をハーブ、海藻成分、漢方成分に広げてオリジナルの化粧品とサプリメント製品の開発を行っています。日本では三店舗のアロマテラピーサロン、海外で三店舗のアロマテラピーサロンを立ち上げています。

今でもS社の製品は私自身手放せないのです。ハーブと漢方エキスを使ったヘアクリームは頭皮育毛のために使い。三カ月で一〇キロのダイエットしたときもS社の製品をつかいました。またいつもS社開発の消臭抗菌液を鞄に入れて持ち歩いています。

このM社長との出会いで感じたのは、行う事業に対してどういった社会的意義を持たせるのか、そのサービス・製品の提供が、個人の野心からでるのではなく「志」から出ていることの重要性です。この「志」が後ほど五章で紹介するミッション（経営理念）につながっていくのです。そしてミッションは未来価値をつくり出すための会社の最も重要な宣言書になるのです。

## ③経営判断七〇％をキープする

私が起業家を無条件に尊敬するのはどんな方も「起業するというリスク」を超えてチャレンジした方であるからです。起業後も会社の成長のたびに、リスクと挑戦があります。ただし「リスクを取る」というのは単なる無謀とは違うものです。

私はＶＣに勤務していた頃、証券業界の方々から多くを学びました。特に野村證券創業者の野村徳七氏の言葉は繰り返して何人かの方から伺いました。

「我々の心掛くべき事は、七割の確実性を最もよく利用して、三割の不確実さに妨げられない様にすることである。危険を恐れる余り、目先の行動のみに注意し、小勢観で行動するものは、かえって不確実の危険に身をさらしているようなものである。企業において成功するものは、企業家精神を持つものでなければならぬ。七割方の不確実性おば、人以上に調査し、研究して、あとの点おば飛躍するだけの勇気と資力と用意を備えた人であることを要す」

これはリスクを分析することは非常に重要であり、企業経営の判断においては、危険を恐れすぎて九割九分までの確実性を要求するの必要はない。七割のリスク分析ができたら勇気を持って行動する。そうした合理的に危険をおかすことにこそ、企業家の本分がある。という意味ととらえています。この考え方は投資時の腹のすえ方として判断の根底においていました。

七割は経営にもあります。経営においての合格点数も七〇％のラインが存在すると感じています。経営者は七割の判断が正確であれば、その会社は成長に向けて動きます。経営者の合格点は一〇〇点満点のうちの五十点～七十点の間にあります。たとえ正解率が五割の判断でも会社は存続できます。

ただし常にスピードは欠かせません。ＶＢがいつの時代でも活躍できるのは、大企業が出すことができないスピード展開が決め手になるからです。スピードがあれば戦略の失敗があっても軌道修正や撤退をすばやくすることで勝てるからです。

またＶＢにおいての戦略の失敗は、成功を導くために必ず必要な過程ともいえます。失敗を積み重ねて、本当のビジネスモデルを探し当てていくものです。失敗は「仮説の検証をしているのだ」「試行錯誤で答えを出しているのだ」と言い切ってよいのです。答えを出すためのこのチャレンジは成功に向けての戦略として活用することです。

## ④支えたいと思われる人間性

経営者を取り囲むマネジメントメンバーが「トップを支えたい」と思う気持ちが強いほど、組織は活性化する傾向があります。例えば「取締役や幹部の各部長たちは、自分がこの社長を支えている」「自分がいるからこそこの会社とこのトップが活きる」「自分がいなければこのトップは存在しない」と思っているような場合です。

新規上場したあるＶＢの例です。一九九〇年代に急成長して上場しその後も成長しました。急成長しているＶＢの役員会は早朝型（ＡＭ七時スタート）か深夜型（ＰＭ一一時スタート）というのがあります。役員全員が忙しく集まる時間が限られるからです。その会社は深夜型でしたので、役員会が白熱すると徹夜での議論になります。そして議論は頻繁に白熱するのです。それは業績アップを目指した全力投球の役員たちの姿です。実はそれ以上に各役員はその会社の創業した社長に惚れて入社した人たちであり、役員会の白熱は「自分がこの社長を支えている」といった気概の戦いであったのです。社長は役員会では比較的おとなしく、各役員の意見を聞く側にいて、競い合う議論を満足気に聞いています。

面白いことにこの役員会での戦いが白熱し、喧嘩みたいに競ったときほど、会社業績は驚異的な成長をするのでした。

創業経営者であるトップを信じている部下に支えられ、同時にその幹部たちがトップを支えている構造があれば、経営の一つの形がつくれます。

塩野七生さんの『ローマ人の物語』を読むと古代ローマのリーダーの姿が描かれていますが、ユリウス・カエサルという天才的リーダーは、部下たちに「自分がカエサルを支えている」と思わせる天才だったとありました。これは時代を超えて、リーダーとしての素質なのかもしれません。

## ⑤ナンバー2が存在している

企業の成長において経営者だけでマネジメントをできるようにするには、限界があります。会社においての補佐役、参謀役であり、ときに女房役を演じられる「ナンバー2」がいること。このナンバー2がトップとの呼吸がピッタリであることは会社の成長要因です。経営者は自分より優れたナンバー2を確保する必要があります。

私が一番身近でその状況を見聞きできたのは、ＪＡＦＣＯ、ＪＡＩＣを通じて社長の今原氏を支えた、齋藤篤氏（ＪＡＦＣＯ専務、ＪＡＩＣ副社長）です。私がＶＣ時代に秘書をしていたときには、この名参謀の役割を間近に見ていました。

トップの今原さんが新たな事業で動くと、法務面、財務面からピッタリとフォローしていきます。社長室と副社長室の中間に秘書室がありましたので、ほとんどのやりとりを聞くことができました。

あるときＶＣファンド設立時のエピソードをトップとナンバー2という立場で聞いてい

ました。

齋藤さんが教えてくれたのはこういった話でした。

「久野君な、今のＶＣのファンドを初めてつくったときのことだった。あれは、今原さんと僕がＪＡＦＣＯ時代に米国のリミテッドパートナーシップの方式を日本型にアレンジしてつくった。税務当局と何度も交渉する必要があり、大変苦労してつくったよ。

今原さんは日本でＶＣを本格的に始めようとして、まず米国のＶＣを視察していた。そしてどうしてもＶＢに投資するファンドが必要だと、米国からすぐに連絡が入ってきた」

「今原さんはとにかく何でも速いですね」

「そう、すぐに法律をひもとき、弁護士とも連絡をとり、帰国までに調べたが、ＶＣがファンドをつくるには日本には法律がなかった。今のファンドがどうして○○○○投資事業組合というかは知っているかな？」

「たしか、民法を根拠にしたものと記憶しています」

「そう一九八〇年頃に日本でＶＣのファンドをつくろうとしたら、日本の法律で根拠になるのは、民法しかなかった。民法においての同じ意志目的で集まる組合の概念が唯一使える法だった。民法でいう任意組合。投資の目的で皆が集まった組合であり、法人ではないのでそこには課税対象とならないという論拠を組み立てた。そこに税務当局が課税しないという一言、そして一文をもらうのには本当に奔走したよ」

今では投資事業組合は法律が整備されています。しかし、当時はパススルー課税（ファンド・投資組合においては収益に課税されず利益配分の際に初めて課税される制度）は法的に明確に定められていなかったのです。これが不明確だと、運用資金に二重に課税される可能性があるのです。

さて、この当時このVCでは投資対象の多くが東南アジアの企業でした。私が秘書を務めていた一年間に今原さんの海外出張は年間一〇回以上、国内出張はその二倍。当時六〇歳を過ぎても非常にハードなスケジュールです。それにもかかわらず必ず現場を見て投資判断をするタイプでしたので、席を暖める暇もありません。その活動ができるのは名参謀が社内の守りを固めていたからでした。

今原さんは出張先から電話を入り、スケジュールの確認を終えると、必ず「齋藤君はいるか？」と話します。

ビジョンの打ち出し方においても、このトップとナンバー2の組み合わせは最高でした。年度と半期ごとに土曜日を丸一日使って、全社員の集まる終日の会議が開かれます。社長からはこの先のビジョンが示されます。その後にナンバー2から発破がすぐにかかる絶妙な組み合わせでした。

ナンバー2はトップの代役とは違います。一～二カ年の一時的代役は可能でしょうが、代役になれる人であってはうまくはいかないのです。ナンバー2はオールラウンドな判断ができトップの志と意思決定に必要な判断材料を集め、トップが自由に駆け巡る環境を整える人である必要があります。

## 創業経営者の時価総額

「この会社の価値はいくらか？」

「会社のバリューは何億円？」

企業価値を算定するのに株式時価総額はここ一〇年ほどVBが上場を目指す段階、またM＆Aの企業価値試算のときに盛んに使われました。

参考までに会社の価値を金額で算定する方式を見てみましょう。基本は収益性による判定です。株式を上場している会社の算定は時価総額として、①会社の株価と発行株式数を掛け合わせると（時価総額＝株価×発行株数）と算定できます。

会社の価値の算定のそのほかは、②純資産からの算定、③収益性からの算定。さらに、将来生み出される利益の金額の総額を現在価値に計算し直す方法は④ＤＣＦ方式（ディスカウンテッド・キャッシュ・フロー方式）があります。小規模Ｍ＆Ａでは、⑤純資産収益簡便方式と言えるものがあります。これは総資産から負債を引いた純資産に二期分の当期利益を加える計算式です。

近年私は経営者の志の大きさの程度で「経営者の時価総額」として計算することを試みました。会社でミッション、意思決定の勇気などの要素を数値化できないだろうかと考えたのです。少なくとも起業家・創業経営者に率いられたＶＢにおいてなら可能かもしれないと。


起業家が会社を始める場合、「起業家自身の志と事業化意思があるだけで将来に価値をもたらすもの」と私は考えています。そしてそれ自体が「経営者の時価総額」に相当すると考えています。

その会社でつくり出す製品、サービスを通じても未来が創造され、新たな価値の連鎖を生み出す。それは最初には製品、サービスが価値を生み出すものですが、それ以外にも役職員賃金、協力取引先、研究開発、関係事業者、税金、配当などを通じても生み出されていくものです。

起業家が志を持って会社をスタートする。その志が大きく、世に貢献するものであればあるほど、高く評価されます。世に受け入れられ、高い期待が寄せられ、世に必要なもの、世に不可欠な存在になっていく。

そうした会社の価値算定の試みです。起業家、経営者による、会社を通じた「未来の価値」創造を起こせること、およびその規模全体を「未来創造価値」と呼んでいます。そうすると、経営者の時価総額＝未来創造価値という関係があると考えられます。しかし、それを計測することは難しいものです。

経営者が発する大志を製品やサービスを通じて受信する側の人々においては、満足度で呼応します。ユーザー・利用者、経営者、役員従業員、協力企業・協力者、国・地方、株主の満足度です。一番広がりを持つのはユーザー・利用者の満足から広がる周辺の満足度です。ユーザー利用者よりさらに先にユーザーの家族・友人にまで広がる満足度はユーザー増加として顕在化します。この満足度の総数は、「社会への貢献の総数」と言えるものです。これも測れるものではありませんが、確実に発生はしています。

この「未来創造価値」と「社会貢献の総数」は提供者と受取側の違いですので、基本的に等価であると考えられます。

## 社会貢献の総数＝未来創造価値

創業した起業家である経営者が目指す志、その志を会社に移植したミッション（経営理念）によって、未来に価値を生み出していくので、経営者の存在価値「経営者の時価総額」も未来創造価値と等価と考えられます。そうすると、

## 経営者の時価総額＝社会貢献の総数＝未来創造価値

という三面等価の原則があると考えられます。

未来創造価値はミッションとの関係性が大変あります。ミッションの社会貢献の濃度により価値の数値化が見えてきます。後の章でその試算方法をご紹介します。

ミッションとビジョンがユーザーそして従業員、社会などに与える未来の影響度を係数化して、予想される数期分の利益との積で価値を試算します。これで試算していくと、創業経営者の志が会社のミッションとして移植されて、なおかつ目指すものが大きいほど、

その「未来創造価値」は大きいものとなります。それは、創業経営者自身の時価総額が大きくなるということでもあります。

# 第3章

# 完璧な事業計画書には投資するな!

二〇年程前一九九〇年ごろ会社を創業して二〜三年のＶＢはＶＣからの資金調達は不可能でした。当時は手持ち資金と事業から上がる利益、そして借入金によって資金を用意するしかなかった時代です。そのため会社を成長させるにも時間がかかっていました。

近年は会社設立後一〜二年の早期の段階でもＶＣに対して資金調達の依頼をできるようになりました。ＶＢとＶＣの距離が縮まったのです。ＶＣからの資金調達によって「時間を買う」ことが可能になりました。その交渉でやりとりの土台になるのは事業計画書です。

そして事業計画のプレゼンテーションのポイントは、ＶＣに何を売り込むかの見極めです。それは①事業計画と戦略優位を認めさせて会社を売り込むのか②経営者自身を売り込むのか、その区別がファーストステップとして必要になります。

さらに事業計画書は作成上の網羅するポイントとして**①現状の事業説明②今後の事業説明③事業戦略と戦術の説明④予想事業収支、⑤市場分析**。この五つをカバーすることです。体験談を交えながらご紹介してまいりましょう。

## 学生起業家がつくった完璧な事業計画書

起業したばかりの学生ベンチャー社長と出会ったときのことです。

二〇〇一年ごろ都内の有大学の学生数人で設立したというネットＶＢの社長が、自ら事業計画書を手にしてＶＣにまで出資の依頼に来ました。学生ベンチャーというのは特に珍しくもない時代です。最年少では一七歳の高校生のＩＴ起業家に面談したことがあります。

この学生ベンチャーの社長は私がいたＶＣの投資企画部に電話をして、その部署から投資部門の担当者に取り継がれて、私の部署のスタッフが電話を取りました。電話を受けた彼は電話で一～二分話してみて、何か事業の見込みを感じ、面談することにしました。

彼は投資判断の時間を短縮するため私にも同席してほしいと要望して、会うことになったのでした。当時、私は一社あたり投資金額三千万円までは審査部を通す必要のない投資決済権限を持っていました。

東京の国立大学の理系の学部のＳさんは明るくコミュニケーションスキルも高い印象が

あり、スーツ姿は十分社会人に見えます。早速事業計画の説明が始まりました。

「このたび、私が社長となり、仲間の大学生と一緒にネットサービス事業の展開を計画しています。事業計画書を持って参りましたので、内容についてご説明させていただき、ぜひ私どもの会社に出資をお願いしたのです」

大学三年生というSさんは学生とは思えないほどとてもしっかりしていました。

事業計画書を手渡され、ざっと目を通した時点で、「よくできてる!」と感じました。

「まず事業モデルの説明からさせていただきます」

てきぱきと説明に入ります。事業説明を聞いてみると、「確かに現在の日本のネットビジネスサービスには存在しない事業モデルだな」と感じました。

ベンチャーキャピタリストは、経営者のプレゼンテーションの最初の五分程度で、その事業が投資対象になり得るのかどうかの判断をします。投資対象にならないと判断した場合は、残りの説明を聞きながら、どのような理由で投資を断ろうかと考え始めます。ところが、S社長と面談したときは、いつの間にか事業計画を前のめりになって聞きていました。

「次にこの事業を広げるための販売戦略や外部の戦略は、このように考えています。まず現在のこのマーケットで競合するプレイヤーは存在しません、しかし今後マーケットに参入するとのはこの三社が考えられます。各社の戦略を分析すると……………。一番の脅威は別マーケットのプレイヤーB社が現在の顧客に対して、当社のターゲットに非常に近い顧客を囲い込んできたときです。事業スタート後にもし脅威となるB社の動きがみえたら、現在別の分野でトップを走っているS社とのコラボレーションを持ち込み、先手を打ち相手を抑えたいと思います。その際にはS社に投資している御社につないでいただきたいのです」

「投資後のわれわれの仕事まで考えてくれているのですね。マーケットの分析もよくできていますね。各社の現在の戦略と将来の戦略予想もなかなか鋭いですね」

多くのVBの事業計画は自社の事業モデルとその戦略に終始します。競合先の分析を行わない事業計画書は意外と多いものです。VBは常に自社が一番優れていると信じ切って、競争相手をあまり見ようとしない傾向があるからです。そうした事業計画書をキャピタリストは見飽きているものです。

一方、このSさんの自社の強み弱み、市場のチャンス、競合先を将来も予想して詳細に分析した事業計画書でした。この事業計画を書き上げた若き学生ベンチャー起業家を正直言って、「二一歳にしては、相当な事業センスを持っている。投資家を投資後も協力者として使うというツボの抑えも効いている」と感じました。

## 事業計画は机上の空論か

さらにプレゼンテーションは続きます。

「それらを踏まえての数値計画は、予想損益のワークシートです。月次の蓄積データで六十カ月分の損益予想、資金収支表、貸借対照表もシュミレーションしました」

「予想の貸借対照表までつくってあるのですね。予想損益と資金収支予想だけ会社もがほとんどですよ、予想の貸借対照表まで月次でつくっているのは珍しいですよ」

エクセルでつくられたその事業計画書の数値は、前提とする顧客数などの設定も無理もなく、立ち上げの途中からの集積構造も安定感のある成長であり、五年後の収益性は大変投資魅力のあるものです。

社長は理系の学部でしたが、キャッシュフローもよく理解した資金計画書になっていました。

事業計画書としての出来映えがよかったので私は聞きました。

「どなたか、事業計画書作成のコンサルタントを使われたのですか？」

「仲間の学生たちでつくりました、一人財務経理の分かる仲間がおりますので……」

「分かりました。秘密保持契約は本日お渡しして、事業計画書はお預かりして検討します。お越しいただきありがとうございました」

その日は締めくくりました。

この事業を考え出し、事業戦略を立て、マーケットの分析をし、完璧な事業につくり込んである。この事業計画なら投資できそうだな。そう感じました。

それと同時に「何かが足りない」という感覚を抱きました。

私のスタッフは大変頭脳明晰な者でした、投資担当のB君はベンチャー投資の社会的意義を感じながらも、常に角度を変えた視点で意見を述べていました。

「魅力的な事業計画ですね。この会社は投資検討にすすめましょうか？」

「事業計画書は完璧なのだが、少し投資すべきか迷っている」

「その気持ちよく分かります。頭のいい社長だけに、かなり事業計画書づくりについても勉強したという感じがします」

「そう、それもある。学生ベンチャーで成功した例もある。学生だから成功率が低いとは言わない。米国のＶＢも学生の成功は多いし日本もそうなってほしい。だけども、投資したいと思わせる何かが足りない……」

「そう言えば、この事業計画書はまず事業モデルと戦略から入っていますね。どうしてこの事業を選んだのでしょうね？」

私は、改めて事業計画書を最初からめくってみました。そうすることで分かってくることがありました。「どうしてこの事業を選んだのか」「事業にあたっての経営理念」の説明は一切なかったのです。事業計画から読み解くと、この事業を選んだのは、マーケットに存在しない事業で、今スタートすれば事業を大きくでき、事業の売却も可能だということから選んだと解釈できます。

「分かった！　この会社は社長が人生の全部を懸けて経営するという気迫がないからだ。だから肝心なところで僕らの心にも響かないのではないか？」

「あっ、そうかもしれませんね。まだ学生ですからね。とはいっても収益性は魅力ですから投資しておいてもいいと思うのですが……」

「いや、こういった経営者の哲学が感じられない会社は、どこかで人材や、協力者に困窮するはず。社長が仕事に取り組む姿勢がどうしてもゲーム感覚みたいに見えてしまう」

「そうですか。少し残念ですね。見送りですね」

投資は結局見送ることにしたのです。

これは、あまりに事業計画書が魅力的に見えすぎるケースです。事業の強み、弱みがきちんと整理され、マーケット規模、その企業の売り上げ、利益予測、人員計画、資本計画等が理路整然と示されており、誰もが納得させられてしまうような事業計画書を提出してきたＶＢへの投資は概ね失敗します。そういった事業計画書ほど役員会の多数決決済で投資になるものなのです。

その後この会社が資金調達をできた、また上場に向けて成長中という話はＶＣ業界内で聞くことはなかったのでした。

## 起業家の情熱が人を動かす

私がＶＢの協力事業を開始して半年目に出会ったのはＹさんでした。出会った二〇〇二年当時、ＹさんはあるＶＢからスタートし上場した新興サービス会社の常務取締役を辞任して、一カ月ほどリフレッシュのための海外旅行から帰国した頃でした。

Ｙさんは慶応大学を卒業後、大手商社に就職。在職中にコロンビア大学のＭＢＡを取得。マッキンゼーを経て、流通事業会社を経験した後に、一九九〇年代後半には急拡大で有名なベンチャー企業の取締役、後に常務に就任。その後グループ子会社の再建などを担当していました。

初めて会ったときは最初は大変謙虚な印象でした。しかし一度話し始めると止まらない。その話から論理的な思考が大変得意だと分かります。話題の引き出しがとても豊富です。さらに頭の回転が非常に速い。話しながらも相手の関心ポイントを的確につかみます。前職でもその会社が上場後にそこの創業経営者と共に米国、欧州で投資家に説明会をして、大型増資と社債の発行を成功させていました。

自分の会社設立にあたって、初めてお会いしたときは、こう話していました。

「退職したばかりで、資金はないのです。でも会社を設立して出来れば事務所は青山あたりに持ちたいのです。家賃は払えないので、事務所家賃は非常に安いところでできればゼロにしたい」

「現在は自分一人です。会社を設立して、青山に事務所があれば、初期の給料は低くても協力してくれる人材がいるはずですから」

―結構無茶を言うな―と思いましたが、しかし協力したいと思ってしまうのは、Ｙさんの不思議な魅力です。私は友人の経営者を紹介して、机七個分ほどの空間ですが、家賃ゼロの北青山の事務所開設を間借りするアレンジをしました。

「設立したばかりですが、早速VCから資金調達をして事業をスタートさせたいと考えています。自分の株の持ち分は特に気にしないので現時点で調達できるだけ資金を集めたいのです。当初から考えていたとおり事業は在宅介護センターの展開からスタート、その後施設介護展開と医療・ヘルスケア全般を展開できる組織にしていきたいのです」

拠点が確保できたあとに、Yさんはこう語りました。方向性は明確です。以前すでにVBの成長期から株式上場までを経験しています。さらに事業の急激な縮小時のリストラクチャリングまで経験しているので、やるべきこともやりたいことも志も明確でした。

## 事業計画書をつくる

私は、話を聞きながら、提案しました。

「ではYさんまず事業計画書をつくり、VCに接触しましょう」

「久野さん、事業計画書って必要ですか？　事業計画書なしで、口頭でプレゼンテーションするのはどうでしょうか？　僕は自信ありますよ。」

「んん……。Yさんの話は書面をしのぐと思いますが、でもやはり事業計画書は必要です。事業計画書は、VCに話を持ち込むなら、少なくとも何をする事業かを明確にし、予想数値も示した書面が必要です。これは担当キャピタリスト以外にも審査の担当者なども読んで理解してもらうものになりますから」

何日かしてYさんから、返事がありました。

「いろいろ考えて事業計画書をワードで基本部分をつくりました。一〇ページほどです。これで残りは僕自身のプレゼンテーションで勝負したいと思います。数値は関心を持っていただいた投資会社に詳しいものを提出していきます」

当時の事業計画書はA4横のパワーポイントが主流でした。ワードでできたA4縦長の事業計画書は白黒印刷。フォントは明朝体だけでした。ビジュアルの表現をもうちょっと工夫したいと思いました。しかし内容を読み進めていくと、事業戦略はよく分かるのでした。

「Yさん、市場分析と競合分析だけ少し資料を集めて追加しましょう。基本的事業計画はこれで行きましょうか。早速ＶＣに接触していきましょう。プレゼンテーションしながら計画書を補足していきましょう」とスピードを優先させ、すぐにＶＣにアポイントを入れていきました。

私がお手伝いする事業計画書では、まず会社のミッション（経営理念）を明確にすることから始めます。Ｙさんはすでにそのミッションの重要性を理解していたのでスムーズでした。事業の特性からも福祉分野ですので、事業本来が社会貢献です。よってより経営理念として言葉を選び、まとめました。

会社の経営理念は新しいものを生み出す挑戦が含まれたもので、貢献するスケールが大きいほど、事業の成長限界が外れていきます。そして不思議と成長に必要な協力が集まってきます。

ＶＣに事業計画の説明をスタートするころ、時期を同じくして、Ｙさんと共に働きたいと希望していた人たちが集まります。もともとリーダーとしても魅力的なＹさんですので当然の流れなのですが、事業計画に触れて「こういった将来を目指しているなら、今の会社を辞めて、この会社に飛び込んでいきたい」と心を決めた人もいました。

後にＹさんの前職の部下の人たちが退職してこの新事業に合流したので、前職の会社から社員の引き抜きをしたと大騒動になったのです。しかし、社員を引き抜いた事実はなく、会社の理念とその事業内容にひかれた人々が、自ら希望してきて転職してきたのが実情でした。

## 一九億円を投資させた人物が語ったこと

設立から三カ月目でさっそくＶＣからのファイナンス呼び込みをして回りました。会社を設立したばかりですと、ＶＣからすぐに「売り上げ実績は？」と聞かれます。「現在、売り上げはありません」と言うと、多くのＶＣ担当者の表情が少し硬くなります。「そうですか。残念ですが、実績数値がないと当社では検討できないのです」「ネットビジネスやバイオビジネスだと売り上げがなくても投資できるのですが……」などと、断られることが続きました。

ＶＣの接触は初期で投資を断られると、正直気持ちが折れ始めます。気持ちを切り替えて初めのうちのＶＣの接触は練習、そして計画書のブラッシュアップのためと割り切りました。

そこで売り上げ実績がなくても、資金調達ができれば事業拡大が見込める点を強調して事業計画書に追加しました。そのためにYさん自身の経験値と職務経歴を全面に出すことにしてマイナーチェンジをしました。そして合流したYさんの元同僚をこの会社の主要メンバーとしてマネジメントチームを固めました。幹部社員を含めた経歴書のページをさらに盛り込みました。臨時ながら私もＣＦＯ（財務担当取締役）に就任しました。

売り上げ実績はないが、トップを含めて人材が揃った強さ、組織の強さ、市場も熟知している、経験も十分ある。これらの表現を強調しました。以降のＶＣの反応はよくなり、Yさんのプレゼンテーションはさらに力強いものになりました。資金調達ができるときの好循環が始まったと感じました。

「私の経歴と経験値を見てください」

「この会社の向かうところを見てください」

Yさんは繰り返し主張を続けました。もうこのときには、事業計画の議論ではなく、Yさんは自分自身とその経営に関する考え方をいかに売り込むかに注力していました。

「この事業と心中するつもりで創業しました。いざというときに心中してくれる投資家に投資していただきたいのです」

気迫のこもった一言がでるプレゼンテーションにまでなりました。

その後二社のVCが投資を決めました。設立から五カ月目で合計六〇〇〇万円の調達ができました。売り上げはまだ殆どない状況でした。さらにその半年後には三社目のVCが一億円を投資して、合計一億六千万円の資金が調達できました。そうして一挙に拠点の展開を始めました。

創業間もない初期段階での資金調達の成功率は五〇社のうち一社ほどです。このH社は創業初期段階での資金調達で数少ない例です。

ちなみに、このH社の経営理念は「シニアの方に『気』を提供し（欧米にならぶ）世界基準のヘルスケアサービスを提供するソリューション総合商社をめざします」「働くスタッフの人の器、個性、自由、創造を大切にしてやりたいことがやれ、言いたいことが言える職場で、いつも元気で、コミュニケーションを通じお客さまに『元気』と『感動』を提供していきます」と打ち出しています。こういったミッションですので、とにかく現場が元気で生き生きしているのが特徴です。

現在も毎年着実に成長していますが、初期の資金調達のあとに、数年後には海外の有力ファンドと国内VCから投資を受けました。銀行借入はゼロ。調達資金は計一九億円。全国展開をして拡大中であり、現在は上場準備の軌道にも入っています。

私は会社設立後に資金調達をお手伝いし、臨時でCFOとして業務をした後、事業が軌道に乗ったところでしばらく離れていました。そして四年経過して今度は組織運営と上場を視野に入れた時期が来ました。今度は監査役として再度H社と関わると共にH社の超長期の戦略のためのビジネスをY社長に提供しています。

事業計画書を魅力的に書くということは難しいことではありません。どんな会社のものでも魅力的なものにすることは私でさえできます。

しかし、事業計画書に絶対に込められないものがあります。Y社長の場合がそうです。起業家がその人の言葉、身体、熱意を含めて表現をすることで事業計画書では伝わり切らないエネルギーを相手に感じさせたのでした。

事業計画書に絶対盛り込めないこと。それは創業経営者という人間自身と人間性。さらに創業経営者の事業への思い入れと事業成功の信念です。

# いいプレゼン、悪いプレゼンの違い

よいプレゼンテーションはどういったものでしょうか？

それは実は当日より事前の情報入手に左右されます。まず事前にどれぐらいの興味を投資家が持っているかの調査が欠かせません。事前にエグゼクティブサマリー（事業概要書）を送り、その反応から対象の業界に詳しいか否か、関心の度合いはどうかを調査してからプレゼンに望みます。事前に調べられなかった場合はプレゼン前の雑談でそれらの関心の度合いをさぐり、臨機応変にプレゼンの順番を変更したり、説明の濃淡をつけるのがベストです。

悪いプレゼンテーションは、聞く側の関心度合いより、自分の技術説明や優位性の主張に終始してしまうケースです。そんなときほど事業展開の戦略・戦術が盛り込まれていないケースや、戦略がよく分からないケースがあります。アメリカのＶＣでは最初のプレゼンは朝食のミーティングでレストランの紙ナプキンにペンで表現できるほどに戦略をシンプルにして、言葉を選ぶのが最適とまで言われています。

さらに大きな枠組みでの事前調査というと、事業計画を作成する際の市場調査になります。客観的判断で競合企業分析や市場分析をしていたら、同様の情報を持つＶＣに今事業計画書を持ち込むか、自社の強みを用意して半年後に持ち込むのか、つまり、「時を味方」にどうつけるかを判断していくのです。

紹介を受けるためにも、キャピタリストとのよい出会いにするためにも、事業計画書を集約させた事業概要書（エグゼクティブサマリー）も作成することをお勧めします。これは事業内容のエッセンスをＡ４サイズで一枚から三枚程度にまとめた資料です。

このエグゼクティブサマリーをつくる利点は三つあります。

**第一に簡潔に事業内容と将来性が伝えられ、投資検討側の興味を最短で引き出せる。**

**第二に紹介者が持ち歩きやすく、必要に応じて関係者に行きわたる。予想外の投資家と出会える。**

**第三に事業計画書の機密性を保つことができる。**

事業計画書は事業戦略もあるため秘密保持契約を締結してからの提出になります。エグゼクティブサマリーは秘密保持の制約がない分投資関係者内で流通させる資料としても最適です。

# 第4章

# お金でダメになった起業家たち

ＶＢの成長で必要な経営資源はヒト（人材）、カネ（資金）、モノ（製品・技術）と言われています。

「今資金さえあればこの事業は成功する」「技術は揃った。あとは資金だけです」

これらの言葉はキャピタリストとして投資検討をしているときに創業経営者からよく聞いた言葉です。投資を断ると「投資家として見る目がない」「あと資金だけなのにＶＣが断ったから立ち上がらなかった」と言われることもありました。

ＶＣに勤務していると投資検討後に投資した会社とはその後も付き合いが続きます。しかし投資検討をしても投資を見送ったＶＢがその後どうなったかは、追跡調査はなかなかできません。「もしあのとき投資していたらその後急成長しただろうか」と思うこともありました。

私は独立した後は創業間もない会社への資金導入を手助けしています。事業戦略を共に練り、創業経営者と事業計画を作成しました。以前よく聞いていた「資金さえあれば」という経営者と同様の立場の会社に協力して資金のある会社にしていったのです。資金調達を実現してその後の経緯を見ることができるようになりました。そうして分かったことは「資金だけがあっても経営はうまくいかない」ということでした。

それは、次のような状況によく起こるのです。

①資金調達ができたときを想定して資金使途が明確な計画になっていないとき。
②資金調達ができた後に、「自社には資金がある」と経営者の気が緩んだとき。
③収益に関係ないものに少しでも資金を使ってしまったとき。
④お金儲けを目的で集まってきた経営メンバーのとき。

こういったときに資金があっても、経営が崩れていくのです。具体的なケースをみていきましょう。

## 潤沢な資金が経営者をダメにする？

創業初期に資金調達を成功させても、その後の資金の使い方を誤ったことで、逆に会社が危機に陥ったというパターンは枚挙に暇がありません。

二〇〇〇年前後、ＶＣから多くの資金調達を行い、半年以内に使い切ってしまい資金が不足するという話を話題としてよく耳にしました。新興のＶＣも多く、ノウハウの未熟な段階で多くの資金を投資したため、借り入れも増えＶＣで調達した何倍の負債で倒産など、まるで子供が刃物を振り回し、自らも傷を負うようなことが起こっていました。

数年前に私が独立後資金調達の協力をしたバイオVBの会社においても、同様のことが起こりました。大型の増資資金調達をしました。しかし成長には届きませんでした。何が起こったのか振り返っていきます。

その会社とは二〇〇二年に出会いました。事業戦略づくりと資金調達を考えてほしいと知人から紹介されてお会いしました。ある大学の分子生物学の研究技術を基につくられたバイオテクノロジーのVBでした。

根幹となる技術研究を行っていた大学教授は経営には参画せず、その会社へ独占権を保った技術供与契約をもとに技術を提供していました。その教授と話をする機会があったのですが、その教授は「この分野の研究でさらに多くの夢があります。人工の生命体というものへの挑戦です。その研究へと注力したいのです。また私は学者ですので経営に参画するのは苦手ですし、株で出資・上場などへは関心がないのです」と言っていました。

よってこの会社のトップはバイオ技術に非常に通じ、技術者ながらプレゼンの得意なN氏がなっていました。ほかの経営陣の構成は、米国で分子生物学を学んだ技術担当役員、国内でバイオ研究を続けていた技術担当役員、たたき上げの経営経験のある渉外担当の役員。そして少し遅れて合流した銀行出身の管理部門担当役員でした。外部からの資金導入前にはその大学のOBの出資も得られていました。しかし小額であり余裕がなかったのです。飲食店を改造した二五平米ほどの事務所に、六人のメンバーと技術者のアルバイトでスタートしていました。

最初に会ったときN社長から、「本格的な資金調達をして研究施設をつくり、ゲノム解析のための検査キットの販売で売り上げをつくっていきたい」という話をうかがったことから事業計画作成と市場調査が始まりました。

まず市場調査から始めました。一カ月ほどかけ分子生物学専攻の英語の得意な学生のバイトを使って、世界中の論文検索をしてマーケットの調査をしました。そして世界で受け入れられた場合の市場規模を試算していきます。加えて製薬業界の専門家に意見を求め、欧米の専門家を紹介してもらい、将来の見通しをヒヤリングしました。バイオベンチャーのマーケット調査はかなり骨が折れます。なぜなら①バイオテクノロジーは製品化されていなくとも既に研究されていることがある。②バイオの技術は広い範囲がありまた細分化されたカテゴリーが多岐にわたる。③重要な技術ほど密かに研究されている。などの理由からです。こうした事情から最近一部VCではバイオVBに投資をしない方針を打ち出しています。

## 億単位の資金調達で事業成功と錯覚

さて、調査査の結果をみて、私は相当な成長が見込め、技術の優位性を感じました。

「N社長、この技術はかなり先進的ですね。まだ売り上げゼロですがVCをはじめ、投資会社からの資金導入ができる可能性は高いと思います」

「三億円以上は資金調達をしたいと考えています。久野さん可能でしょうか?」

「分かりました。できると思います。事業計画書づくりから始めましょう。そしてVCへの出資依頼をしていきましょう」

と提案し、早速事業計画書づくりを始めました。役員陣が全員協力し、予定より早いペースで事業計画書は完成しました。といっても七週間ほどかかりました。

完成した事業計画書をVCに持ち込んでいきました。当初中堅のVCからは断られましたが、その後本命と考えていたバイオ技術担当のいる大手VCから三億円の出資が決まりました。さらに海外の投資家からも二億円の出資が決まり、資金調達は順調に進みました。3カ月間にトータル五億円の調達ができました。

その資金を使い研究施設を増設に使ったところまではよかったのですが、その後本社を移転した頃から少しおかしな兆候が出てはじめました。象徴的だったのは役員会でした。

「増資もできたので、本社の受付周りのディスプレイは二〇〇万円くらいかけてもよいのではないか？」という発言が社長と管理本部長取締役から出てきたことでした。

その後、ほかの役員から、社長と管理本部長取締役が給与を大幅に上げたようだと聞きました。そのことについてN社長に聞いてみると、

「管理本部長のSさんが給与を二〇〇万円にしたいと言ってきたので……」

「あぁ、年間報酬を二〇〇万円に抑えて頑張るということですか？」

VBの役員は、驚くほどの低額報酬で頑張り、株式やストックオプションで報酬を貰うことも多いのですが。

「いえいえ、月額で二〇〇万円を希望したので、そこまでは出せないということで、月額で一四〇万円にしてもらい、バランスとるため私の報酬も月額一六〇万円にアップしたのです」

「なんですって？　信じられない」

「管理本部長が銀行交渉して、借入れもして資金もできたことでしたので大丈夫でしょう」

「投資家から事業計画を評価されて資金を受けることができたとはいえ、今会社は月次の利益どころか、売り上げもない状況ですよ。資本金によって現金があるだけで、収益で賄った資金とは全く違う性質のものです。借入も今必要でしたか？

VBは使える資金があると考えた瞬間から資金はなくなります。まず月次が赤字であるのは悪と認識してください。売り上げがない状態で経費を使う、それも売り上げに結びつかない使い方だと、累損が急激に積み上がります。かつ今は銀行の返済も短期なのであっという間に資金が不足します。研究の成果だけで事業の実績というにはこれ以上投資家には通じないです。もっと経費をケチった方針を出して、売り上げを立てられる経費だけに絞って、まず月次の黒字化です。それが必須命題です」

「しかし決めてしまったので、今から止めるわけにはいかないですよ」

「報酬のアップもオープンな議論なかったのですよね？　こうした密室で決めたやり方も、役員間の亀裂にもなります。幹部研究職員のモチベーションにも影響します」

「社長の権限として決めました。よい技術だから大丈夫ですよ。技術者も集まってきてます」

「新事務所への経費のかけ方といい、報酬増額といい、五億円あってもすぐに資金繰りに詰まることになりますよ。考え直すべきです」

私も少し強い語調になってしまいました。

「大丈夫です。資金を使ったらまた事業計画書をプレゼンして、増資をしたらいいですよ」

「……」

私は、言葉を失いました。「甘すぎる」と感じました。

しかし、事業計画書の作成と資金調達という業務は完了させて、業務は終了しています。もうこれ以上経営に口を出さないでほしいという意図もみえましたので、矛を収めました。このケースは資金の使い方を誤ったというより、それ以前の「会社における、資金の使い方自体を知らなかったケース」といえます。潤沢な資金を調達してもマネジメント次第でＶＢはあっけなく崩壊します。この会社はその後倒産して現在は存在しません。

## ＶＣからの増資後の銀行借入

ＶＢが資金調達後に特に億単位のＶＣからの調達の後に一～二年で会社がだめになる場合、資金調達以前より悲惨な状況に陥ります。ＶＣの資金調達した金額の何倍かの負債で倒産することもあります。これは増資後に融資資金のなだれ込みがよくあるからです。Ｖ

Cの増資で資本金が増えると、銀行からみた与信指標点数は上がり、銀行借入がしやすくなります。増資資金と借入資金は利益としての資金でないので、速やかに収益化できるものに活用しなければ収益は黒字に向かうものではないです。しかし銀行口座に現金残があると使える資金が増えたと単純に考え、経費増につながり経営自体が甘くなることが多いのです。

すべての創業経営者がそうなるわけではありません。増資後に、現預金残を見ながら必要のないものには全く使わない、預金に積んだままの経営者もいます。少なくとも必要のない借入はしない方針の経営者も存在します。

資金調達ができると、経営者の心理は事業の方向性が間違ってなかったという自信がつきます。ただときには、経営者が自信を通り越して奢りが出たり、事業を考えた自らに対しての評価額だと勘違いしてしまうことまであります。「事業計画が認められたのだから、私の事業は成功するに違いない」と本末転倒の解釈をするケースです。まだ売り上げもない時点でこの認識は見当違いです。

創業初期から成長期においては、とにかく信用をつくることであると話をしてきました。創業初期や成長期は取引の信用でお金が集まるのではないです。将来性に対しての期待値から資金が集まったと解釈すべきなのです。事業収益にするために本来やるべきことは、日々の業務から信用を毎日コツコツ積み上げ、収益を積み上げるということに変わりないのです。

## 突然の代表取締役解任劇

二〇〇〇年七月でした。東京港区のあるIT企業の会議室。VCとして投資していたその会社へは、役員会にオブザーバーとして出席していました。役員会が開始したとたん突然異変が起きました。

代表取締役副社長のB氏が、「本日は緊急動議として、代表取締役社長のA氏の代表権を解除の案を提出します」と言い出しました。耳を疑いました。一瞬冗談かなとも思いました。間髪いれずほかの取締役二名が「賛成します」と声を揃えました。それは一分にも満たない間の出来事でした。

代表取締役であったA社長自身なにが起こったか理解できずにいます。役員会は激論になりましたが、会社法としては合法な手続きです。VC三社のシェアは九％ほど、オブザーバーとしての出席でした。よってA社長の代表権はなくなり単に取締役社長となり、代表取締役はB副社長だけになりました。

VC三社はじめ、三億円弱を調達し出発した半年後の出来事でした。

半年前に投資検討した時に、私はA社長の独特のIT市場の見識に大変ほれ込みました。この退任劇の半年前の二〇〇〇年年初、最短の期間で投資の意思決定をしました。インターネットとコンピューターの将来を「2001年宇宙の旅」のマザーコンピューターHALになぞらえて今後のIT業界を予言していました。

この会社はソフトウエア技術者で個人創業していたA社長と証券会社出身のB副社長がこの四カ月前に出会ったことから始まりました。A社長の開発していたソフトをアプリケーションにして販売しようと構想したのがきっかけで，役員陣にはもう一人証券会社出身のC取締役とさらに広告業界出身のD取締役の四名でスタートしました。A社長とB副社長は共に代表権を持ってのスタートだったのです。

VC三社の投資で一億五千万円、そのほか新興上場会社のファイナンス部門からと、個人投資家含めて合計三億円を調達しての出発でした。VC三社はオブザーバーとして役員会の出席を毎回することになっていました。

当社のアプリケーションソフトはA社長が開発責任を負い、販売面の責任はB副社長が負う体制でした。ただ投資後二カ月経過しても四カ月経過しても、販売業績は進捗しなかったのです。そして問題となる前週にA社長から「商品開発も三製品が完成している状況、投資を受けて半年が経過した今、販売の強化が第一の課題になりました。B副社長の指揮のもとに営業体制を組み上げてもらったが、ここはいったん私に営業体制の総指揮も預けてもらいたいが、投資会社の株主の方のご意見を聞きたいのです」という発言があり、VC三社ともA社長に営業体制も任せようという話になったのでした。ただこの方針展開にB副社長は納得していなかったのです。そのため翌週の役員会でほかの二人の役員と共に代表権の剝奪を計画し、実行したのでした。

役員が三対一で分裂し、このままでは会社自体に影響が出ると考えたA社長はこの事件の後、取締役も自ら辞任するのでした。

この事件の根本的な原因は、創業メンバーの相互信頼の欠如でした。二〇〇〇年代前半はVBへの投資ブームがピークだったと思いますが、「一緒に一旗あげよう」「キャピタルゲインで金持ちになろう」といって、ビジネスを持ちよりスタートするケースが多く、このケースではそれが初期に露呈したにすぎないのです。ただ近年上場した企業で上場後に同様のケースが露呈することも実は多いのです。

このケースは経営上のバグはほかにもいろいろあったと考えられます。ただ致命傷になったのは、経営困難になったときに、ほかの経営メンバーを攻撃する行動により、結果自分たち自身も破壊してしまったということです。

マネジメントメンバーはいたのですが、そこに経営はありませんでした。さらに根本の原因はマネジメントメンバーの四人が、お互いに信頼といえるまでの関係を築けていなかったのです。「一緒に儲けよう」が合言葉で集まったメンバーだったのでした。

人が信用を築くまでには積み上げる時間がかかります。ましてや信頼関係という人間関係は短時間で築くには簡単ではないのかもしれません。会社に集まった動議づけが金銭収益である場合、いったん利害関係が崩れると、そのまま組織もばらばらになっていくと言えます。

## コラム　役員報酬

ＶＣ資金の導入にあたって経営者からよく聞かれることなのですが、「役員報酬はどれぐらいがよいのか」という質問があります。役員報酬に関しては、ＶＣの投資後にはどれぐらいが適正かの判断も時代によって変化してきました。

過去には「月次黒字が実現できていないのに役員報酬をとるのか?」「役員報酬を会社に戻せば月次決算は黒字になるではないか」ということが必ずVCから言われた時代もありました。その頃は月次黒字が達成できていれば月額一〇〇万円ぐらいのメドが暗黙の合意でした。

通常考えても大赤字の会社なのに社長が二〇〇〇万円以上給与を取る企業にVCは投資したいとは思わないものです。投資後も月次収益と役員報酬月額は相関関係を持って見られます。

近年は予想損益の人件費のなかで役員報酬が盛り込まれており、毎期作成する事業計画書のVC承認が通れば報酬は認められるようになってきました。ただしVCの投資比率(持株比率)が大きい場合、VCから取締役が選出されている場合は、毎期開始前に報酬委員会を組成します。代表取締役とVCを基本にして、ときに役員が加わって構成された委員会です。

# 第5章

# なぜ起業家は名経営者になれないのか

会社を創業した起業家が会社を大きくするのも、一定の目の届く会社規模で安定させるのも自由です。どちらが良いどちらが良くないはありません。ＶＣだと大きくなる会社を投資対象とするというだけです。老舗の菓子店、代官山の新興ファッションブランドなどは経営側も従業員もやりがいも報酬も充分な幸せを実現しています。

本章では創業した起業家が、「組織運営の会社として成長をさせよう」「会社を大きくさせよう」と考えた場合、起業家から経営者に転身していくには、何を準備していくの必要があるかを考えていきます

## マネジメントとは何か

会社を組織として成長させていくには、マネジメントメンバーを組成していく必要が出てきます。営業、開発、金融機関折衝、人材採用などの仕事が増加する時期は起業家ひとりのチカラはとうてい及ばず、マネジメントメンバーを組成する時期が来ます。

マネジメントチームをつくる第一の段階は、参謀役として戦略思考を持ちながら、同時

に現場まで下りて人を動かせる懐刀のような補佐役をつくることから始めます。言わば、ナンバー2をつくることです。

数年前に新規事業の立案と事業計画書の作成業務でお手伝いした、セールスプロモーションとマーケティングの会社がありました。弁護士の紹介で社長Cさんと会い同時に二名の取締役を紹介されました。二人ともC社長の友人で創業後しばらくして入社したといいます。この会社は東京が本社でC社長とD取締役は東京に常駐、E取締役は大阪に常駐でした。

八カ月かけて新規事業立ち上げのコンサルティングをして、その新事業の売り上げが出たタイミングでVCから三億円資金調達できました。資金調達できるまでは分かりませんでしたが、よくよく事情を聞くと二人の取締役のどちらがナンバー2かということを静かに争っている様子です。

D取締役が「社長とは打ち合わせますが、E取締役とは打ち合わせをメールにしたい」と言うと、E取締役もなにかと「D取締役の責任ではないか」という趣旨の発言をします。C社長はもともと二人とも友人であり、すぐに対策として手立てを打たなかったのです。コミュニケーションがとれないので、取締役会が形骸化します。

C社長は自身が仕入れを伴う物販の新規事業を立ち上げることになりました。役員会不在でD取締役、E取締役もC社長の事業を止める様子もありませんでした。その後このトップ直轄の新規事業が赤字となり、会社存続の致命傷になりました。さらにその後二人の取締役は結局退任しました。

友人同士のマネジメントチームはあまり成功した例が多くないのです。マネジメントの緊張感のなさがその原因といえます。またナンバー2が二人という体制は組織運営をより難しくするようです。ナンバー2はトップを決めたらハッキリ明示するのがよいのです。

一方うまくいったケースです。

私のVC勤務時代の同僚のNさんはVBに入り込んで、こうした補佐役を実践している人です。投資の現場を離れて、名参謀としてVBを支え続けています。

VCを退職した後に、最初は新興のサービス事業のVBで一つ年下の社長の下で参謀役を務め、その会社を上場にまで導きました。VCの現場出身ですので戦略的思考は得意です。会社に今何が必要か、社員の本音、顧客の傾向、競合会社の強み・弱みを見抜き、同時に有効な解決手段を考えます。

Nさんを参謀役として招いた社長が後日談として「Nさんを懐刀として使うとすると、会社はよくなると感じた。しかし自分が楽になるかは別で、経営者として一回り大きくならなくては彼とのよい仕事関係は築けないだろうと緊張した」と語るのです。

Nさんも「この社長の下で補佐役をするとしたら、自分の能力を出し切って仕事に当たらなくてはならない」と気を引き締めたと言います。どうやらこうしたトップと補佐役の独特の緊張感が経営にも好影響を与えたのでした。

先のNさんにナンバー2としてのポイントを聞くと、こう言います。

「まず現場におりて推進できることを実行します。そしてケチに徹します。創業経営者は多くの場合、資金管理は大雑把ですが、私自身は社内で憎まれるぐらい『健全なケチ』を徹底して行います。経費節減をしないと利益は残らないです」

会社に今何が必要かを理解し、経営を補佐するナンバー2が創業経営者の身近についていたら、社員に憎まれるのも承知でやるべきことを実行できる人がふさわしいです。それには、さまざまな経験値を持ち、事業を推進する方法を知り、現場の人間を動かせる人物です。後継者は創業経営者が尊敬できるぐらいの人物がいいでしょう。

## 経営者の疑心暗鬼が会社を潰す

これもまた、事業計画作成と資金調達をお手伝いした人材サービス会社の創業経営者W社長のケースです。二回の投資ラウンドで三億円の資金調達もほぼ完了した段階です。あとは営業強化と組織づくりをしていく段階となりました。

その会社にもともといた年配の顧問の勧めで、ナンバー2採用の準備をしていました。タイミングよく紹介で銀行出身のR氏を採用しました。とうとう成長できる要素が揃ったと感じられました。R氏の仕事ぶりはすばらしくそのナンバー2としての有望な感じを見とって、「いい人が入りましたね、W社長」と訊ねました。

「そうですね。仕事はできますね。ただ当社との相性はどうかな……」と、言葉を濁し、喜んでいる様子がないのです。

「仕事ができるのに、営業担当の役員を立てながら判断しているのも、バランス感覚があるのではないですか?」

「そうですね、でもねどうかな……」

不思議な反応でした
しばらくするとW社長が突然に言うのです。

「今度R氏の上に、僕の昔の友人を役員として入れようと思うのです」

「えっ、どうして突然」

「やはり気心が知れた人物のほうがナンバー2としてはいいので」

「Rさんは、経営センスはかなりいいものを持っていますよね？」

「わかりますよ、頭も良いし、僕は彼の仕事ぶりは評価できます」

「また必ず社長を前面に立て仕事を進めているのも好感持てると感じますよ」

「今は僕を立ててくれますね……」

「W社長の友人の方は、W社長に対しては友人としての口の効き方ですから、どこかで社内の序列感もチグハグになるのではないでしょうかね」

「……」

「これまでナンバーツーとしてRさんを扱ってきたので、Rさんのやる気を削ぐことになってしまいますよ、そうやってあえて試練を与えて、試すというのならそのやり方を考えましょうよ。でも本気なら問題ですよ」

「本当にそうしようと思っているのです」
「ええ、マネジメントのチームが機能し始めたところですよ。今そんなことをしなくていいのではないですか」
「でもRさんは、頭がよすぎて危険だと思うのです。いつかどこかで僕を落としいれる気がするのです」

社長の友人ナンバー2としてマネジメントに入って三カ月後にR氏は退職しました。その後マネジメントに入った友人もしばらくして退社。その後ナンバー2候補はさらに二名が入れ替わりました。その後は会社の業績が伸びることはなくなりました。今もR氏がいたら飛躍的な成長を遂げただろうにと残念に思うケースです。業績は縮小して今は、役員はW社長だけの状態です。

この会社の場合、W社長は人に猜疑心を抱いてしまうタイプでした。人の心の機微をとらえるコミュニケーションも得意ではありません。ナンバー2の必要性もその使い方も分かっていなかったケースです。マネジメントの最小単位であるトップとナンバー2の関係は非常に重要です。そしてナンバー2はトップと別の次元の仕事でトップ以上の能力が必要だと考えられます。VBではトップもナンバー2もまずそれを認識しておくことが必要です。

創業経営者が優れたナンバー2をパートナーとして選ぶと、その優秀な能力を知ると、自身の立場があやうくならないかと感じ始めることがあるのです。この気持ちのコントロールが創業経営者の第一関門です。

## 成長軌道に乗せるためのナンバー2のあり方

事業立ち上時期や成長軌道のVBの組織ではナンバー2の役割は、会社財務面の管理、資金調達など多く役割を果たす必要があります。そうしたナンバー2の素質としては何が必要かを考えてみました。

### ①情報収集能力

情報収集のためのフットワークと知性です。経営の判断においては会計・財務、経済、人事、組織などなどの基本的な戦略・戦術のための定石の知識があること。または、なくとも必要に応じて吸収してしまう能力があること。

### ②コミュニケーション能力

情報収集能力に加えてこれらをもって専門知識を持つ外部の専門家たちとコミュニケーションができることです。前述の情報収集のためにも必要です。交渉のためのコミュニケーションではないので静的なコミュニケーション能力といえます。

### ③情報咀嚼能力と再統合力

集積された情報を一括して全体を把握する能力。余計な情報に埋もれそうな時でも本質の把握する力です。そして情報のエッセンスをその会社の価値につなげられる戦略的な再統合の能力です。

### ④トップを理解させる能力

情報を再統合して企業の価値として再統合した情報をトップに理解させる、総合的なコミュニケーション能力です。また情報は外部だけでなく部下や組織のなかから生まれるイノベーションの種を社内から引き上げ経営にまで情報を入れることも必要です。

### ⑤人を動かすコミュニケーション能力

トップから発せられるものの多くは部下や組織を動かすためのコミュニケーション能力です。組織を動かす潤滑油の役割も担う能力です。また、組織を動かしていくうえでは、人間的魅力も必要な要素です。マネジメントの方向を組織に伝えて動かす力です。

### ⑥トップの能力を伸ばせる能力

このトップのよいところを伸ばし、ときに調子に乗せることができる能力。ナンバーツーはイエスマンである必要はないのですが、栄養のある言葉一つでトップの気分を上げやる気を与えられることも必要です。

ナンバー2のなかでも社内のプレゼンスを上げるために、トップを突き上げるのが仕事と勘違いしたり、経営批判をしたりする間違った行動もよく見ます。また実力なくトップを持ち上げるのは「太鼓持ち」ということになります。それらはどちらもナンバー2の仕事ではないのです。

以上の項目が全部揃っていたら、スーパーマンです。しかしトップよりこれらの能力は高いにこしたことはないです。マネジメントを学ぶ場は日本でも増えてきました。MBAのカリキュラムも日本で学べます。

しかし、ナンバー2をどのように養成する場はありません。そのナンバー2のマインドをどのようにセットするかということは、今後もっと深く探求されていい分野かもしれません。

## トップとナンバー2は陰陽の関係

数年前に ある著名なベンチャーキャピタリストが「トップの素質」について講演をしました。その話の一部です。

「草食動物の群れは、先頭を行くリーダーとそれに従うその他多数の群れになります。羊の群れを一人の羊飼いと番犬で移動させられるのは簡単です。リーダー格の羊を一匹誘導すれば、あとの羊はついてくるからです。ある大学水産学部の教授の回遊魚の群れについての研究実験も同様です。群れをなす魚の場合、そのリーダーが常にトップを泳いでそのほかの魚は後についていきます。その群れの中でもナンバー2の位置にいる魚も決まっているそうです。網で水槽からトップの魚を取り除くとどうなるか。トップを失った魚の群れは一時混乱した状態になります。しかし、しばらくした後に、以前群れの中で目立たなかった存在の魚がいきなりトップになることがほとんどだそうです。そして二番目の位置にいた魚は、トップが変わってもやはりナンバー2の位置にいるのだそうです」

この話をされたキャピタリストは「トップの素質はナンバー2の素質とは違っている、ナンバー2は所詮ナンバー2である」という話をしたかったようでした。この話を聞いた私は別のところに興味をひかれました。「ナンバー2は動物界でも存在するのか」ということです。

VCのVBへの投資判断の際、トップの能力の検証には、多くの時間が費やされます。投資の際の経営者に対しての判断です。技術でもビジネスモデルでもなくトップの素質と成長力に賭ける。VBに投資する本質だと実感していました。しかしナンバー2の素質については比較的軽視されます。「ナンバー2はいないよりいたほうがよい」という程度です。

そのトップを見込んで投資をしても、その後成長しない企業も多い。一方で、トップと強い信頼関係で結ばれたナンバー2がいると、会社の成長力が早かったり、力強かったりします。VB各社においても身近に成長例を見てきました。

経営においてトップが陽の光が当たる部分とすると、ナンバー2はその陽の部分をより

## 陰陽大極図

明るくみせる影なのではないかと思います。絵画においては濃色で影を描くことで初めて光を表現できます。それが濃ければ濃いほどに強い光を表現できるものです。ナンバー2はトップの小型分身である必要はなく、陽とは切っても切れない部分、陽を表現するためになくてはならない存在になるのです。

これは、太極図とも陰陽結合図とも呼ばれているものです。中国の陰陽の考え方を表現したものです。

この図からもトップとナンバー2の関係もこういった関係であると、より強いマネジメントの核になります。人間の得意とする分野とその能力は限られていますので、この陰陽結合のようにトップがなれると、自らの不足部分はナンバー2が補うことができます。

多くのVBのトップは無から一をつくり出せる人ですので、インスピレーションや発想力、将来を描ける能力、ビジョンを示せる能力などにウエイトが置かれたり、リーダーとしての個性に偏ったりするものです。常識的という部分が欠落していることもあります。その部分の補完ができるナンバー2が論理的体系に落とし込んで組織のルールにしていけるような補完関係がある。トップとして会社全体にエネルギーを注ぎ込む体制がとれるようになるには、ナンバー2の存在が機能していることがほとんどです。

## トップとナンバー2の心理マトリックス

多くのトップとナンバー2の組み合わせで、その組織の成功・失敗を見てきました。トップのナンバー2対しての心情とナンバー2のトップに対する心情の組み合わせは次の四とおりがあります。

ナンバー2と思う人物をスカウトするときに、その人のマインドとしてチェックするポイントは、「ナンバー2のポジションが最適で、一番格好いい」と思っている人を選ぶことです。最良なのは、「トップでいるにはナンバー2が存在してこそ」と考えている経営トップと「ナンバー2が一番自分に合っている、格好いい」と思っている人の組み合わせです。

最悪な組み合わせは、「ナンバー2の存在を認めない。自分が常に正しい」と思っているトップと、「いつかトップになりたい。ナンバー2のポジションは格好悪い」と思っている人の組み合わせです。

トップもナンバーツーもこの組み合わせを意識してください。意識してもらうだけでもトップとナンバー2の関係性も違ってきます。

また会社成長の過程でトップが「ナンバー2のおかげで自分が存在する、感謝している」とスタートしたのが、数年すると「別にナンバー2のおかげというわけではない」と慢心してしまうことも多いのです。ナンバー2との関係がトップの一言で崩れることがかなり多いのです。ナンバー2を失ってからその重みを知るのでは遅いです。

トップのナンバー2への心理マネジメントも必要です。ときとしてトップのナンバー2に対する態度として有効な「弱みのチラリズム」です。トップとしての悩み、ちょっとした失敗をナンバー2だけにチラリと見せる方法です。

通常のトップが持たれているイメージとのギャップがあることが有効です。事業で強気に主張している経営方針に対しての「不安のチラリズム」、簡単な例だと酒席の粗相や、家庭での立場などが「失敗のチラリズム」があります。リーダーの人間味の部分を、ナンバー2限定でみせることがポイントです。信頼しているからこそ弱みをさらすのです。

## トップとナンバー２の思考マトリックス

| | | トップの思考 | |
|---|---|---|---|
| | | トップ自身の能力で会社は回る<br>「ナンバー２は部下の一人」 | 「ナンバー２が居てこそ<br>自分と会社が成り立つ」 |
| ナンバー2の思考 | 今ナンバー2だが<br>トップになりたいと<br>思っている | ×<br>**崩壊まで時間の問題** | △<br>**トップの不幸** |
| | ナンバー2が最高に<br>格好いいと思っている。 | △<br>**ナンバーツーの不幸** | ◎<br>**ベストマッチング** |

弱い部分をチラリと見せられたナンバー2はトップの本音を自分だけ聞けたということで、寄せられた信頼感はその後の仕事によい影響を与えるものです。

また人としての欠点もさらけ出せると、よりリーダーとしての人間味が増して、トップとしての魅力になってきます。社内でエリートのイメージ、強烈なリーダーとしてのイメージを持たれているトップほど有効です。そのギャップが効果を生みます。

そしてマネジメントメンバーが増えるときには、ナンバー2以下の序列を明確にし、関係性を常に明確にしておくことです。

## 経歴だけを見て採用すると後悔する

二〇〇一年頃に出会った会社の例です。ネットサービスVBをVCとして投資検討することになりました。その会社は、役員陣の経歴が立派で、それだけを見ると何でも成功しそうと思えてしまう人が集まっていました。

まず代表取締役とお会いしたのですが、名刺は「社長」ではなく肩書きは「ファウンダー（創業者）」と記載されていました。財務担当は外資系出身の女性で大変頭の回転が速そうです。すでに三社のＶＣから六億円を調達しておりました。それも株価がかなり高く評価されており、時価総額は三〇億円を超えていました。売上高は二〇〇〇万円、収益は営業赤字一億円。技術担当役員と財務担当役員が将来の事業計画とその収益予想から投資株価を説明してくれました。

事業計画も、資金調達用としてきちんとして練り上げられています。経歴も「学歴もその後の大企業での職歴も華麗なる役員陣」でした。

事業計画のプレゼンを聞いたのですが、正直その事業計画に全く関心を持てませんでした。デザインが素敵だなと思った程度だったのです。ファウンダーを含めて五名の役員の話を聞いても、どうしても「表層を流れてしまうような事業戦略」という印象があったのです。

すでに投資しているＶＣ三社のうち二社は大手のＶＣでしたので、何か投資魅力を見落としているのではないかと、再度自分の判断を疑ってみました。そこで「再度ほかの役員四名の皆さんにヒヤリングさせてほしい」と申し出て、それも一人ずつ別の日程でお願いしました。個別に面談すると、ある役員からほかの役員の批判の話が出ました。資金が潤沢になったために、資金の使い方においてマネジメントチームの中で反目が始まっているというのです。詳しく話を聞くと、どうやら役員間での役割分担が不十分で一部の役割が重複するということでした。

また役員会が戦略会議や経営課題の議論ではなく、報告会になっていることで問題が発生する度に役員間での責任転嫁が行われていることも分かりました。役員報酬に関しても潜在的不満があるということも感じられました。

それ以上に先に聞いていた技術担当役員の分野の戦略に関しては、いまだ仮説の段階であるとのことでした。さらにそれはほかの役員の業務のはずという発言まで出てきました。この全役員面談を終えたころにはもう投資を見送ると決断できたのでした。

マネジメントの問題として感じたのは、

・四名の役員全員がナンバーツーを自負して、他者を牽制していた。
・各自皆、自分が一番頭がよく、経営判断ができると思っていた。
・リスクテイクするマネジメントが不在。
・この会社が倒産しても役員は誰も痛手を受けない。

ことです。これ以外にインテリなマネジメントチームのＶＢにおいてのよくある問題は次の八つです。

**①プライドが邪魔して企業として当たり前のことができない、分かっている問題が解決できない。**
**②簡単なことと思い込むと、簡単すぎると勝手に判断して動かない。**
**③自分では解決できない難しすぎる問題は、解決できない理由を先に指摘して動かない。**
**④仲間同士が結託や派閥になったりして対立に発展する。**
**⑤一部には他人を蹴落とすのが巧みな人もいる。**
**⑥自分の立場確保のために、優れた人材を採用しないという傾向もよくある。**
**⑦「失敗に対する潜在的な恐れ」からリスクを取らない。**

これらが多く見られる傾向です。学校教育で常に優れた点数を取り続けた人は、自分の失敗を素直に認められないという傾向があるようです。

インテリジェントな人材がすべて不可といっているわけではありません。優れた人材はVBには常に必要です。ただVBのメンバーとするには、現場についていける人材、自らの失敗を認められる人材、リスクを見極め果敢にチャレンジする人材などに限定するのが賢明です。

中途採用で迷うようなら、新卒での採用を中心にするべきです。仕事のできる新卒は吸収力が早く、優秀だと下からの押し上げで中途半端な先輩社員を変えていく好影響を与えます。また経営者の思い描く会社のカタチづくりにおいても早道になることが多いのです。

## コラム　経営の学歴と脳の使い方

「東大卒の社長に投資してはいけない」「高卒中卒の学歴の創業経営者は有望である」という言い伝えがＶＣにはありました。高学歴の経営者に投資して投資が成功することが少なかったからなのです。二〇〇〇年前後の株式上場ブームのときは一時忘れ去られていましたが、近年上場後の倒産などで言い伝えが復活した感があります。

その論拠は学歴のある社長は事業で失敗しても転職の機会もあるが、学歴のない経営者は転職の余地もないので、起業した事業を背水の陣で展開するというものでした。

こういった高学歴人物の脳の使い方に違いがあるのが分かってきました。

私が参加している未来創造型経営義塾では徳山昇順塾長から経営者の脳の使い方と脳の潜在能力の出し方を教わっています。その概要としては次のようなことになりそうです。

日本の教育において優秀な高学歴インテリの人は、多くの知識の記憶、回答方法のパターン認識になります。多くのことを覚えて演算するので、脳のなかでも大脳新皮質を使うことになります。論理的思考においては左脳による解の出し方です。大量のメモリと速度のあるCPUの処理をするようなものです。パターン認識にも優れますので、成功の確率まで算出します。その確率から無駄なことはしない行動につながります。

ところが、経営においての判断は直感によるものが求められます。また新事業ではインスピレーションが必要です。それは断片的な情報から不足する情報を想像して全体の構成を把握して、左脳／右脳両方と同時に間脳と視床下部を使って答えを出すことになります。

経営者の脳の使い方は、日本の教育の知識集積とパターン認識の集積ではなく、日本の教育から外れた想像力、夢を描く力、成功の確立ではなく信念で判断する力が必要なのです。今後の経営者として備えるものの一つに、この部分の脳力開発していくことが求められるということもわかってきました。

## 飛躍できる人・成長が止まる人

ある新興ネットベンチャーの上場企業のG社のケースでした。インターネットの普及で業績を伸ばし一気に株式上場までした会社です。創業経営者は三〇歳半ばのG社長です。経営陣は取締役が四名いますが、基本的に社長が全てを決めるワンマン体制の経営です。上場時の資金調達によってまとまった資金ができ、買収によって規模の拡大を目指していました。

一年ほどの交渉の末に、ある上場大会社の子会社H社を買収することができました。H社はG社にとっても事業シナジーがあります。さらに子会社になったH社のほうが買収したG社より利益額が大きいので親孝行な子会社を養子にできた状況です。この収益性は子会社のH社長の経営手腕によるところが大きかったのです。もともと以前の親会社の幹部だったH社長は五二歳、H社の建て直しに三年間奔走し高収益の体質をつくり上げた立役者です。その経営手腕は見事です。そのため買収の際にG社が出した条件は、「H社長が引き続きこの会社を継続経営すること」でした。

G社には取締役が四名いますが、実質的にナンバー2が不在のまま株式上場しましたので、この環境を見て、「二〇歳年上のナンバー2がとうとうできるのではないか」と、G社の幹部社員からも話が出ていました。G社長と付き合いの長い取締役の一人はG社長に「H社長から法人向け営業や経営ノウハウを教えてもらいましょう」と進言したこともありました。G社の幹部社員はG社長のワンマン経営にはなれていましたが、学生VBからスタートしたG社長の経営に関しては少し疑問を感じていました。特に組織運営を無視した指示には嫌気がさしており、解決策を模索していたのでした。

「H社長を親会社G社の取締役にしてはどうか」という提案はM&AのFA（仲介アドバイザー）からもG社長に提案がありましたが、これはうちうちにG社の一人の役員の意向を受け代わりに口にしてもらったのでした。

子会社の社長となるH社長をG社の役員に入れることで、グループとして有効な経営ができると感じたのです。

話はそれますが、買収先の社長を親会社の役員にするのは、米国ではよく使われる手法です。日本の経営陣は過去の実績で取締役へ上りつめることが多いです。会社の成長にはリスクに果敢に挑戦する必要があるのが本来ですが、大会社方式ですとリスクをとらなかった人が経営側になりかねません。経営者の思考が理解できるのは、トップを経験した人物です。そこで買収したと同時に子会社の社長兼親会社の取締役に就任して本体の経営を支えるメンバーの一員となってもらう。日本でもさらに増えていい方法だと思います。

H社長も自分の年齢からも自分の経営ノウハウを伝授することにも抵抗はないし、成長の基盤をつくったら引退を考えていたようです。人間的魅力もH社長は備えています。しかしG社長はこの案を否定しました。買収した親会社のG社長は、子会社H社のH社長に対抗意識を持ってしまったのです。そしてその意識は買収後にますます激しくなります。常に命令口調で指示を出し、細かくH社の経営に口を挟んでいったのです。子会社H社の営業会議をG社の会議に取り込んだり、親会社の商品をH社ルートに無理やり乗せたりとエスカレートしていきます。穏やかなタイプのH社長もG社長の無茶な要求をはねつけたり、無視し始めました。

M&Aの三カ月後にはG社とH社の親子会社の関係は、最悪のものになりました。G社もH社の業績も低下していきます。

買収によりグループ会社の業績向上、グループの事業シナジー、得難いナンバー2の人材など、さまざまなチャンスをつかんでいたのです。しかしながら、経営者の心の準備不足と器量が小さいことでチャンスを逃すだけでなく、一気に経営危機に急転落した例でした。

通常は経営者自身が「自分がこう成長した」と口にすることはないので、経営者が成長することを社員や外部の人々が実感することとありません。社外に諫言を言ってくれる人物を置いていれば、「成長がない」と批判される機会を得ることができます。そうした人物を確保できた経営者は幸せです。

会社の成長とともに経営者自身も成長が必要です。むしろ会社の成長より先に経営者自身が成長しなければなりません。トップの器以上に会社は大きくなれない宿命があるのです。

## 経営とは樽のようなもの

あるベテランの経営者と話をしました。すでに二社の会社を創業してその後上場させた経営者です。創業から上場までのスピードも一社目は設立から八年。二社目は設立から三年でした。よい機会でしたので質問をしました。

「ぜひ教えていただきたいのですが、VBが成長するのに経営で必要なことは何でしょうか？」

「経営はバランスですね。状況によってそのときどきの会社の方向性を天秤のつりあいのように取る必要があります。私は会社では朝令暮改もはなはだしい社長と言われています。しかし環境の変化を感じたら指示を変える、大きく組織が大きくなると極端に言わないと舵が効かないときもあるのだから指示は変化に富んでいます。その指示の反応で社員がどれぐらい軌道にのったかも計っていますね」

「常にその状況下での重心をさぐりながら経営をしているのですね」

「そうです。あと別の分かりやすい例えをしましょう。経営はタルにも例えることもできます。ワインやウイスキー入れる樽です。樽の形状はご存じですねあれを立てた状態が分かりやすい。樽は細長い木が縦に並んでいて外側から金属の樽枠で締めつけてあります。この樽材の板一枚一枚が会社における、経営の要素なのです。樽板が不揃いでどれか一本が長くて、どれか一本が短い樽だとする。その樽に水を注ぎ込んだらどうなるでしょう」

「短い板のところで水が流れ出しそれ以上は溜まらない」

「そうです。もっと経営の要素で一番短いところ、つまり一番弱いところから、チャンスも収益も流れ出してしまうのです。突出して長い板があっても意味はなく無駄です。中にたまる量は一番短い板の水準です。そしてそれはその会社の評価される実力です」

「つまり経営の実力ですか？」

「ええ。経営の要素を揃えなさいとよく言います。ヒト、モノ、カネ、情報、といわれます。しかしその量をバランスよく揃えることが大事なのです。経営の要素は、全体のバランスを取って伸ばしていかなくては、樽のように一番短いところまでしか水が貯まらない。長い木の部分つまり強みがある経営要素があっても活かせないものです」

「経営要素は均等に伸ばす必要があるのですね」

「そうですね、伸ばすという表現が合いますね。この樽の板は伸ばすことができるものです。カネ（資金）、モノ（設備投資や製品や技術）が伸びたら、急いでヒト（従業員、役員、経営者自身）も伸びばさくてはならない。先に伸びたところを無駄にしてしまいますから」

「なるほど」

「またこの樽板の一枚一枚は会社によって細分化できます。ヒトのところには経営者の板もあるわけですね。よくよく経営者の板を細かくすると、その一本には『経営者の人間の器』という板もあるのです。これも伸ばさなくてはいけない」

この話はシンプルな例えでありながら、大変分かりやすく関心しました。VBの成長には資金や人材を投入すればよいのではなく、そのバランスにあるのだという樽板の例えはわかりやすい話でした。

資金調達を成功させても経営につまずくことが多いのは、これも樽の木に例えるなら一本だけ突出したようなもので、マネジメントのレベルが低いため樽自体がひっくり返ったと解釈しました。

創業経営者がマネジメントチームを揃える場合でも組織のどの部分が弱いかを判断し

て、補強をする判断が必要になってきます。会社のどの部分をマネジメントで強化しなくてはいけないか、低いレベルのところで会社の資源やチャンスが流れ出てしまうからです。

それらを揃えるためにも、マネジメントチームを組成し始めるその頃から経営者は重要な創作活動に入る必要があるのです。それは会社のミッションをつくることです。これは次の章で詳しく取り上げていきます。

## コラム　マネージメントメンバーの集め方

マネジメントのメンバー集めは、経営者の「志」に対して感染させたメンバーを集めるのが近道でかつ確実です。

「志」と創業のエピソード、さらに「ミッション」とそれを具体化した「ビジョン」にいたる経緯を物語にして、どんどん発信していきます。そしてこれに共感した人物をマネジメント候補として常に引き寄せられる状態にしておきます。これがＶＢのマネジメントチーム組成の第一のポイントです。

また銀行からの出向者、転職者をマネジメントメンバーに入れるときは、ＶＢのチームで働けるタイプか見極める必要があります。エリートとして働いてきた人、大企業の経験が長い人ほどＶＢに加わるとその組織自体を崩壊させることもあります。エリートで来た人ほどプライドを捨ててＶＢのあらゆるものが不足する環境で結果の出せるタイプかどうかをチェックすることが必要です。その人物的ベースが確認でき志に共感したら、やっとその上での報酬やストックオプションの付与の条件提示です。報酬だけで呼び集めたマネジメントチームはあっけなく崩壊するか、上場した後に皆いなくなるかです。

# 第6章

# ミッションが会社を成長させる

仏像は仏師が彫り終えると、開眼供養として魂を吹き込みます。同様に会社にもある時点で魂の息吹を吹き込む作業が必要になります。またそれは人の誕生に必要な遺伝子を決めるようなものです。一個の細胞から六〇兆個の細胞構成体である人体になるまで、細胞内の同じ遺伝子情報が引き継がれていきます。

会社組織においては、魂の吹き込みやその遺伝子づくりは経営者が行わなくてはならないのです。優れた遺伝子がメッセージとなり、経営者の手を離れて永遠の命を得られるようにしていきます。

起業家が会社をつくったら会社の魂となり遺伝子となるのが、ミッションです。経営者の「志」の部分を「ミッション（経営理念）」という形で息吹を注ぎ込む必要があるのです。

そしてその時期は、起業した早い時期であればよりいいのですが、遅くても組織をつくり成長拡大期になるころにはミッションを打ち出す必要があります。これは経営者の重要な仕事です。

ミッションでは、自社の存在意義を明確に表現し、社会に対してもその組織で働く従業員に対しても取引先にも株主にも、明言していきます。それにより会社の成長のスピードを速めることになるのです。

## 創業経営者の「志」を会社のミッションにする

こちらも、数年前に事業計画書の作成で関わった会社の事例です。そのA社は総菜販売のVBでした。惣菜販売を手掛けているA社の創業者であるT社長に初めて出会ったときも、その強い熱意に圧倒されました。

T社長が「総菜店舗の事業ですが日本の農業を変えたい！」と語る言葉の端々からは事業への想いが大変深いところがあると分かり、今の事業はそのステップであるということを感じました。自身の事業の未来に確信を抱いており、その未来は彼にとってはすでに起こっていることであるかのような話しぶりでした。

A社は商品卸先の急な倒産で販売代金の回収ができなくなり、資金繰りは悪化して資金調達が必要な時期でした。私とT社長は描けるだけの事業の未来を描くことにしました。事業計画書としてまとめる前に長時間のブレーンストーミングを行いました。そしてその後にミッションを言葉に置き換える作業に取りかかりました。

T社長とブレーンストーミングを続けると、「僕は食品業界を改革したいと思っているのです。食品の偽装で業界のイメージは悪くなっています。もともと僕は食の業界にいたので、製造業に比べるとこの食品の業界はかなりいい加減な業界なのです。僕はこの業界自体をもっと信頼できるものにしたいです」と言い始めました。

「そうなのですね。食は健康の基本ですものね」

「もう食品添加物に身体を汚染されたくないと思う人はどんどん増えていますね。たしか普通に日本で暮らすと年間一・五キロの添加物等を摂取することになるのです」

「ええ、一度に食べたら致死量ですね。ということは一日四グラム平均」

「一人暮らし、独身だと二・五キログラムといいます」

「どうりで原因不明の病気が増えるわけですね」

「われわれ総菜の業界は『中食（なかしょく）』といいますが、店舗で調理するわれわれはコンビニより健康を提案できる立場にいるのですよ。なぜかというと保存料を使わない食品を売っているからです。総菜は調理後数時間で売り切るため食品添加物を使わないのです。

しかし食中毒にならないように法定時間が過ぎたら廃棄します。これでは大手のレストランチェーンに価格では負けそうになりますよ。大手レストランはセントラルキッチンという調理加工工場を持っていて、店舗では加熱するだけです。ただ冷凍から解凍するときに味の落ちることを防ぐ添加物が使われます。またサラダもカットして変色しない薬品が使われています。当社は店舗では地域の主婦のパートの方にその場で調理してもらいます。つくりたてなので確実に味は優れています。保存料を入れる必要のない方法です。よって無添加の安全が確保できるのです」

「キッチンつきの総菜店はそういったメリットがあったのですね」

「また大手総菜販売チェーン店は、効率を求めて都市部出店です。都市部で商圏に二店舗以上のコンビニがあるところに出店します。もう商圏調査が終わっているのと、コンビニのお弁当に飽きた顧客を取り込むためですね。われわれが郊外のコンビニ跡地で駐車場が三台ほど取れる場所に出店するのは、それに加えて地元の野菜やコメを使った惣菜を考えるからです。それによって地産地消を実現したいからです」

「地産地消、地元のものを地元の人が食べることですね。それは日本の食物自給率にも貢献しますね」

「そう、当社はつくりたてのおにぎりが、大変な人気ですので、コメだけで月に一店舗一トン使います。今は千葉の農家に無農薬米の水田予約の交渉中です。きちんとつくられ、農薬汚染のない食品や、添加物のないものを食べると痴呆症も改善するって、ある薬学博士からも聞いています」

「そうなんですね」

「地消を進めるためには周辺の介護施設にも総菜配達をしたいのです。神奈川の店舗では介護施設に営業しています。高齢者でも子供でも体験農業をしたいというニーズもありますし、脱サラして農業を始めて年収一〇〇〇万円を超えた方もいます。農業生産者を支援して、地産地消を進め、周辺の高齢者、子供の健康に寄与できたら、素晴らしい総菜屋でしょ」

## イメージできる事業は必ず実現する

ブレーンストーミングではあらゆる可能性が広がり、連日深夜に及んでいきます。ブレーンストーミングで出てくる言葉は、経営者の頭の中にもともとあるものです。心の根幹にある強い思いです。事業計画書作成の前に時間が十分にあるときは、こういった創業経営者の中にある答えを私が媒体になって引き出すプロセスが続きます。

T社長においては、続いて会社のビジョン（事業の将来像）をイメージしてもらいました。

「総菜店舗のチェーン展開の様子」「地域に密着した具体的な店舗展開の様子」「この会社で活き活きと働く地元の人たちが、介護施設においしい総菜を届ける様子」、さらに「生産者と協力し、総菜の店舗の役割を地産地消のコンセプトへと発展させ、地元で採れたものを地元で食べてもらう様子」「そのトレーサビリティーをお客様に提供している様子」などなど。細部に至るまで可能な限り鮮明にイメージしながら話してもらいました。私は、これらの話を文章や数値に落とし込み、事業計画書としてまとめ上げて行きました。

事業計画書には盛り込みませんでしたが、店舗の絵を社長にラフとして描いてもらい、簡単なパース画にもしました。この画像化、映像化に明示するのは重要なプロセスです。

こうして経営者の言葉の随所に出てくるキーワードをベースにミッションをつくり、ビジョンとして表現してもらった画像を、事業計画用のビジネス用語に落とし込んでいきました。同時にそのための具体的な戦略を短期・中期・長期に分けて組み上げました。仕上げに数値での五期分の収益予想と資金計画をつくり、あらかじめ分析してあった惣菜マーケットの資料を合体させました。

同社のミッションは、「総菜販売を通じて家庭に食の安全と安心を提供し、日本の農業自体を地産地消の本来のかたちに変えていきます」というものです。このミッションをT社長は言葉にしてどこでも語るようになり、私もどんな人にも語っていたのです。

そうして一カ月ほど経ったときです。

まだ事業計画書を作成している最中でした。この事業のミッションを語ったとたんに深く共感した人がいました。その方の友人にも共通した思いがあったのでしょう。インターネットテクノロジー技術を持った二人のエキスパートがこのミッションとビジョンにひきつけられました。全くネットビジネス展開をしていなかったもともとの計画でしたが、その惣菜販売の事業計画に、ネットビジネス戦略が加わることになったのです。ブレーンストーミングを繰り返していき新たなモデルがくみあがりました。

従来、同社の惣菜店舗は、外部からレシピノウハウを購入し、新メニューの開発を行っていました。新規の事業としては、インターネットを活用し、レシピを個人ユーザーから投稿してもらう企画にしました。さらに採用されたレシピは一カ月間店舗で販売をします。そのレシピ投稿者には、その惣菜メニューの売上の三%を還元する仕組みにしました。

このサイトには短期間でアクセス数も投稿も増えていきました。すると間もなく、レシピを投稿していた個人ユーザーの方がこの惣菜企業に入社したいと応募してきたのです。

この方は、個人で料理のレシピサイトを運営しているほどレシピ分野ではエキスパートでした。よく聞いてみると「この会社のミッションに共感を覚えた」ということでした。

そして外部の人に限らず、このミッションを明示したころから、徐々にほかの事業部の売り上げも向上してきたのでした。特に停滞していた卸売事業部への影響があり業績が伸びてきました。店舗の社員にはミッションを社長が説明したことが効を奏しました。本社とのコミュニケーションが不足していたのをこのミッションが補足して、会社の方向性が店舗にいても共有できたからでした。また新規のネット事業がスタートしたことで将来性が広がり、資金調達が銀行二行からできたため、運転資金に余裕ができ、かつ出店用の資金も確保できたのでした。

T社長は話していました。

「社員がミッションに触れ、今なにをすべきか分かってきたのがよかったのだと思います。総菜をつくって売るのが仕事というだけでなく、この仕事が地域の農業を活性化させることもできる、その過程においては、介護施設への総菜の提供も会社として取り組むことも理解できた様子で、率先して営業をしてくれるようになりました。ネットで惣菜レシピ投稿で顧客の活性化ができたと同時に、これでレシピ購入の経費を削減できました。人やチャンスがやってくるのは以前教えてくれた『ミッションの共鳴性』なのですね」

これは創業経営者が成長初期の段階で起業したときの「志」を会社のミッションとして表現して、同時に鮮明な将来の会社のあり方をビジョンとして予言したことから必要な外部要因を引き寄せた事例です。

## 会社のミッション（経営理念）とは何か

そもそもミッション（経営理念）とは何でしょうか？

パナソニックの創業者であり「経営の神様」と呼ばれる、松下幸之助の著書には次のようにあります。

「経営理念というものは、何が正しいかという、一つの人生観、社会観、世界観に深く根ざしたものでなければならないだろう。そういうところから生まれてくるものであってこそ、真に正しい経営理念たり得るのである」（『実践経営哲学』ＰＨＰ文庫）

本書においては、ミッションは企業理念と定義しています。日本企業には経営理念に類する言葉、例えば「経営哲学」「プリンシパル」「経営原則」「社是」「社訓」「ミッションステイトメント」がありますが、これらすべて含めてミッション（企業理念）としています。

また本書では「ビジョン（会社の将来像）」は「ミッションを補い具体的なビジュアルなイメージで会社の将来像を表現するもの」と定義しています。よって「ミッション」、そしてそれを支える「ビジョン」という二階建てにしています。経営目標はその下に存在するものとしています。図を参照いただくとイメージがつかめると思います。

本書を書き始めてから「企業のミッションは何？」という質問を私は経営者以外の一般の人にもよく質問します。海外でも聞きます。

「利益追求でしょ？」一般の人でもっとも多い回答です。株式会社をつくった時点でミッションの大前提が「利益を上げる」ことは当然の共通認識ではあるのです。会社を評価する上でも最も数値化しやすい評価軸は利益水準でもあります。

ただ本書で言うミッションは利益を上げることを超えた、世の中に対する使命、会社の長期にわたる存在意義を表現すべきと考えています。経営者の志をミッションに落とし込むときに意識するポイントを三つにまとめます。

## ミッションとビジョンの概念図

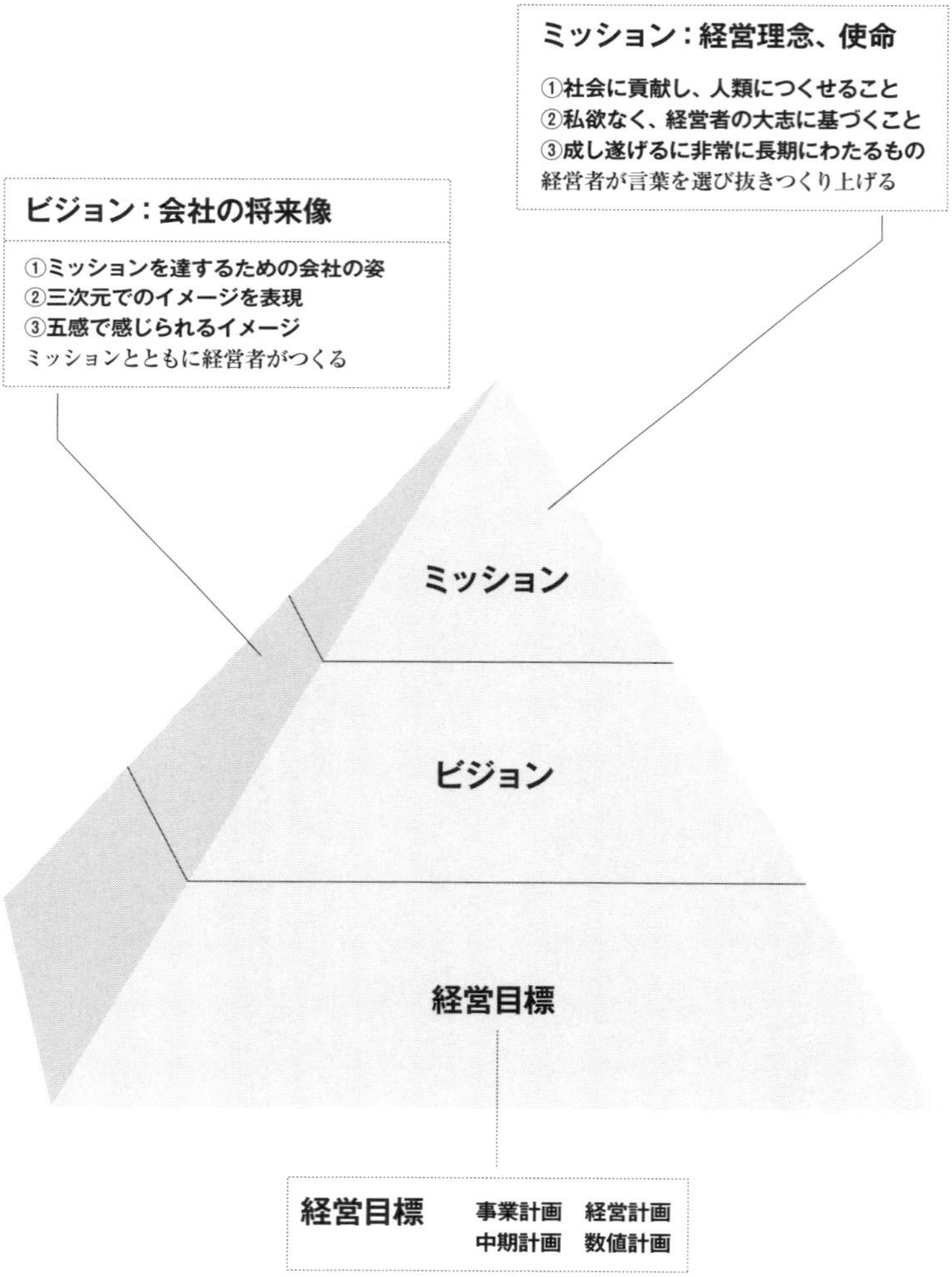
ミッション：経営理念、使命
①社会に貢献し、人類につくせること
②私欲なく、経営者の大志に基づくこと
③成し遂げるに非常に長期にわたるもの
経営者が言葉を選び抜きつくり上げる
ビジョン：会社の将来像
①ミッションを達するための会社の姿
②三次元でのイメージを表現
③五感で感じられるイメージ
ミッションとともに経営者がつくる
ミッション
ビジョン
経営目標
経営目標
事業計画　経営計画
中期計画　数値計画

**①社会に貢献し、人類のためになること**
**②私欲はなく利他である内容（経営者個人の野望ではなく志を表現すること）**
**③成し遂げるには非常に長期にわたること、創業経営者亡き後も続くもの**

日本の先達の経営者は何度も言っています。
「経営哲学の根っこ、宇宙根源の力はすべてを生かすように働いている。宇宙生成発展の法則に従えば物事は必ずうまくいく」（松下幸之助）
ミッションは世の中に向かって述べる経営者と会社の宣誓書なのです。

## ミッションに共鳴するから人が集まる

L社のF社長はミッションを掲げることで常に人材に恵まれることになりました。事業計画書の作成とクリニック開業支援とウェブサイト企画でお手伝いしながら、その経緯を見てきました。

Ｌ社は当初、弁護士・公認会計士・税理士・司法書士の資格者へのＳＯＨＯオフィスの提供とその有資格者を組織してのＶＢのサポート事業をしていました。

その事業から派生して医師の独立開業支援の事業を始動させました。クリニック開業のポータルサイトを運営し、医師の開業相談窓口を開設、セミナーも行うとともに、開業用のビル土地物件情報も提供していました。特に産婦人科の開業支援はプロジェクトチームを設けて、地域の自治体を含めた少子化対策と子育て支援を後押ししていました。事業自体の社会的意義が高いＶＢであると私は感じており、一緒に事業計画書を作成したときに私は彼の会社を勝手にソーシャルベンチャー（社会起業家）と位置づけました。

Ｆ社長は弁護士事務所への勤務が長く、勤務するなかでこう感じていたと言います。

「資格者同士は個々の能力は高いが、独立開業にはハードルがある。独立資金の準備も必要である。常に顧客の新規開拓を行わなくてはならない。さらに資格者は常に新規顧客と出会いたく、一般人でも資格者に相談したいニーズがありながら敷居が高いイメージでマッチングが進まない業界。クリニックの開業も専門職であり独立とともに経営感覚が必要になるところが同じといえます」

ビジネスチャンスがあるとともに、まず私はＬ社のＦ社長に対しても十分な時間を取りながら、これまで事業目標として表現されていたもの、F社長の長年考えていたものをすべて出してもらいました。そしてブレーンストーミングを繰り返し、F社長のもともとの志を一つに集約した会社のミッションにまとめました。

「専門資格者の人々の能力をつなぎ合わせ、組み合わせて独立開業を支援します。専門家と必要とする一般利用者のニーズをつなげて新たな市場を整備して、社会貢献いたします」

さらに二つの子会社のミッションも言葉を選んでコンパクトにまとめました。

対外的にも常にその理念を話すようにしました。すると、彼の経営理念に惚れ込んだ人材が自然と集まってくるようになったのです。それも特定分野のエキスパートの新規事業に欠かせない人材。事業拡大のタイミングの時期に吸い寄せられるように入社したいと集まります。

子会社の医療モール事業の展開に関しては、同時に医師の開業独立の支援事業を展開するのですが、医療分野の、特に医師の独立開業に精通した人材が、理念に共感して合流しました。そして、その後順調に事業を拡大していきました。

医療のポータルサイトの運営を開始するときにも、WEB製作とバックエンドシステムのエキスパートが合流しました。その人材も理念に共感したと言い、収入が減るにもかかわらず入社しました。

Ｆ社長の人間性の魅力もあるのですが、常にそこに表現された「ミッション」に惚れた人が集うのです。そしてＦ社長は言います。

「経営理念が鮮明になってきたことで、さまざまな出会いにつながっていきました。自社の方向性がより明確になったのはもちろんです。決めた経営理念が大きく広がっていくのを感じました。僕の意思を離れて、いろいろな縁をつないでくれます」

こうしたミッションによって起きる協力者との奇跡的な出会いや、その後の順調な企業の発展の様子を数多く目の当たりにしてきました。経営者がよく言うのは「ミッションが手元から離れて独り歩きしていく」といった感覚です。これら経営者の志をミッションにして役員、従業員、ユーザー個人、投融資関係者、外注の事業者に連鎖していく作用を、私はミッションの**「理念共感」「理念共鳴」**と言っています。

ミッションを創業経営者とともに考え続けたこの数年の経験から言えます。ミッションをつくるならば、この理念共鳴が起こるほどのエネルギーを持ったミッションにすべきです。また理念共鳴が起きないような、飾りのようなミッションはいったん取り外したほうがいいです。

# 経営者の野心のために社員は動かない

なぜミッションを明示することでさまざまな好循環が生まれるのか、その理由をいろいろ考えました。それは、従業員として会社に所属する人をはじめとして、人は元来、潜在的に「ミッション」を求めていることが挙げられます。

仕事における報酬とは別に、人間成長と達成感をミッションに求めているのです。自分の働くリーダーから与えられたいとも潜在的に考えているのです。よって「夢」と「志」を提示できる経営者に対して魅力を感じます。そしてそうした経営者とともに「真理」の追求をしたいと考えるからである。現在私はそう分析しています。

ミッションをつくり出すにあたって経営者が注意すべきは、従業員やユーザーはあくまでもトップの「志」に対して共感するのであって、「個人の野望」に対しては共感も感動も生まれないのです。野望はそれを考え出した個人の人生のなかで完結してしまうものです。簡単に見分けられ、聞いた人がしらけてしまい共感を覚えることができないのです。

野心と違う点は、まず①良心に基づいている点です。加えて②成し遂げるには人一人の一生では難しいほど長いテーマであることです。さらに③精神性を感じとることができものであること。④組織だからこそ成し遂げられるもの。これらが志から生み出されて、会社に継承されるミッションです。

例えば「〇〇〇業界の風雲児として業界を凌駕し五年で地域のトップとなる」

これは、ミッションに野望を入れてしまった例です。数年で達成できる可能性があり、考えた人のプライドなどが混在しているのが読み取れます。

ミッションに経営者個人の野望と欲望が記載されていると、これは最低なものになります。聞いた側が従業員だと「個人の野心に私の人生の時間を使われるのはまっぴら」と思うでしょう。

また別の例では、「株式上場と高い時価総額を追い求めます」。

これは株式上場という手段（成長のための手段）を目的と取り違えています。さらに時価総額も結果であるのに、それを目的にしている悪い例です。世の中にどのように尽くすかということが欠落している例です。

また別の例ですと、「サービス向上と、顧客満足度を高め、株主の利益を守るグローバル企業をめざします」。

これは当然の内容をミッション風に記載した事例ですので、聞く人の心に残らず、だれも注意を払わないものになります。そこにあっても、意味のないものになってしまいます。繰り返します。

「志」は「野望」より完成する時間軸が比較にならないほど長いともいえます。それを考え出した創業経営者の生きている間には完成することはないとも感じられます。

「私たちの使命は、生産・販売活動を通じて社会生活の改善と向上をはかり、世界文化の進展に寄与すること」

このミッションはどうでしょうか。時間軸が永遠に続くことがイメージできるのです。そして人の求める「真理」の一つを提示しています。

「常に公正正大、謙虚な心で仕事にあたり、天を敬い、人を愛し、仕事を愛し、会社を愛し、国を愛する。全従業員の物心両面の幸福を追求すると同時に、人類、社会の進歩発展に貢献すること」

こちらのミッションも愛に満ちあふれた理念であるとともに、永久に努力が必要で、完結することのない理念が感じられると思います。

「我社は科学・技術・技能の一体化と誠実な心をもって、全世界に通じる製品を生産し社会に貢献すると同時に会社および従業員の繁栄を推進することを旨とする」

こちらも社会貢献がうたわれるとともに、従業員に関して明示があるミッションです。一覧表でも記載しましたので参照ください。

ミッションに触れたとき、これは起業家が相当に考え抜いたものだなと思うことがあります。それは起業家が使命として感じていることが非常に多くあり、どのように表現するかを考え抜いて、そのために言葉を選び抜いている、その工夫がにじみ出ているものです。今ご紹介した三社のミッションもそれがにじみ出ているといえます。

さて創業経営者の「志」をミッションとして言葉で表現にするのは大変な時間を取る創作作業です。経営者自身が何を潜在意識として志しているかを掘り起こすのも時間がかかります。最終的には創業経営者の人生哲学にまで及ぶからです。最後に言霊の入った適切な言葉を選ぶのも大変です。

それでも創業経営者なら「志」を「ミッション」に置き換える創作作業をしてくださいと皆さんにお勧めしています。それを経て経営者としての覚悟もできてくるものだからです。ぜひこの作業を経験してください。これはその会社が存在するための天との間で交わす契約のようなものになります。

## ミッションを商品としてかたちにする

優良企業の商品のマーケッターの方に話を聞くと、最近のヒット商品におけるストーリーの重要性を教わります。ストーリーに基づくPRをしたり、使うシーンをストーリー性のあるCMにしたり、ユーザーが使いながらストーリーをなぞえることで満足感を後押しする方法です。一般化しているブランド戦略なのでしょうが、こういった傾向の発展形が少し見えてきます。

今後のVBにおける商品やサービス戦略は、創業経営者のミッションが商品のブランドになる可能性が高いのではないかと私は感じています。製品には、社名とともにミッションを明記する商品の販売などです。そのミッションと製品が一致しているか、その信頼性のチェックはユーザーがします。そこで信頼される商品が選ばれていく。そういう時代が始まっています。マスメディアの広告に挑発に嫌気した消費者の行動が大きく変化するはずです。

こうしたさきがけとして思いつくのは「ファンケル」です。

もう二〇年前になります。私が訪問したとき社名はファンケル化粧品でした。当時は本社事務所が横浜の外れにあり、道を間違いながら四〇分以上歩いてたどり着きました。社長には残念ながら会うことができなかったのですが、帰路に着こうとしたとき窓口の女性社員から「駅までは遠いので、お気をつけて」という一言をもらったのです。「どうして一介の営業マンに暖かい言葉をかけてくれたのか」と何度も考えました。

当時ファンケルは化粧品の急成長VBでした。化粧品業界では過去にひどいメーカーはステロイドの混入をしたり、保存料などの添加物によるトラブルなどを残していました。水分と油分たんぱく質などを原料とする化粧品は防腐・防菌のために保存料なくしては成り立ちません。通常使用期限を明記しなくていいのは三年以上持つ保存料が添加された場合です。また保存料以外にも香料やタール色素などが入り、トラブルを起こしていました。ファンケルの創業経営者はそれらのトラブルを解消する先駆けとなろうと無添加の安全な化粧品を買いやすい価格で製造販売したのでした。

水分が一番多くて日持ちのしない化粧水に防腐剤を添加せず、注射液を入れる小型のアンプル瓶を容器にしました。そして開封後は冷蔵庫保存、製造日から使用期限まで明記されています。

こうした社会問題の解決に本気で取り組んだ製品にはその経営理念が織り込まれていると言えます。そしてその経営理念が社員に染み渡っているからこそ、あの温かい言葉が出たのだと後々理解しました。そして会社自体もミッションと愛を織り込んだ商品でユーザーを急激に増やしていったのでした。現在も商品開発を真摯に行う会社と各方面から聞くことができます。


最近出会った「アジアン」のインテリアは、バリ島でつくられています。材料も建物の解体のときに出るチーク材の古木を再利用したものです。そのチーク古木の風合いとアジアンテイストながらヨーロッパ調の洗練デザインでファンを増やしています。バリ島在住で「Yumi Asli Creates」「Yumi Asli Select」のブランドでインテリアのデザインと職人による製造を手がけるのは、菊池由美子さんです。

幼いころから自身の手でつくることに親しみ、大学の教育学部にいながら、シルバーのアクセサリーブテックを展開。バリ島で刺繍を指導しながらショップも運営。一九八〇年代にジュエリーショップも立ち上げました。ダイヤモンドデザインを始めたところ朱漆とダイヤのデザインで欧州のコンクールで大賞を受賞しました。その後はダイヤモンドの最大手デ・ビアスで常にトップテンに入るジュエリーデザイナーとなります。しかし一九九二年にはデ・ビアスを辞め、バリ島に完全に移住します。そして今度はチーク古木を使ったインテリアデザインとその製造を始めます。製造工場も持ち欧州のクラフトマンシップをバリの人にも教えながら、職人の手で製造しています。

製品は日本でも人気を集めていてデパートでも展示すると、すぐに完売になってしまう人気ぶりです。ダイヤモンドのデザインのときもチーク古木も天然素材にデザインの手を加えて人々の愛着品なれるように送り出す。そういうミッションを持ち続けている日本人の一人です。

このブランドは製品に込めたミッションが、製品のコンセプトになり、その製品に共感した人の評価の連鎖、その価値が認められた仕事として広がっていくケースといえます。

若い女性世代では、「シブヤ米」というのもその一つです。日本の若者にもっとお米を食べさせようとする活動の一つです。タレントでギャル社長だった藤田志保さんがギャル社長を卒業して、農業を推進する「ノギャル（農業をビジネスにするギャル）」活動の一環として行っているものです。農林水産省も注目している事業です。

秋田県の大潟村で稲作をしてお米をつくり、千葉で野菜をつくり、農業ファッションも提案します。ミッションはシンプルで「もっと日本のお米を食べよう」というものです。二年目になる二〇一〇年秋からこの活動は拡大してComeco Cafe（米粉カフェ）がスタートします。これを裏で支えているのはA社のW社長です。あらゆる米粉製品の開発と製造手配でバックアップしているのです。米粉を使ったケーキなどスイーツを開発して独自カフェで販売。さらにComeco Cafeにデザインされた移動販売車で販売展開しています。

W社長はアトピー性皮膚炎で苦しんだ経験を持っています。ポストハーベスト農薬や食品添加物が影響すると言われるアレルギーが増えるなかで、食の世界で、「本物のよい製品を判りやすく提供していく、そして日本を元気にする」というミッションを持って食の分野で活動していたのです。そして今年この二つの事業が引き合ったのでした。この二つのミッションが合体してできたのがシブヤ米のカフェ形態である「Comeco Cafe」でした。これもミッションが、それも二つのミッションがビジネスモデルになった例の一つです。

大学発のベンチャーで、研究者出身の起業家がミッションを製品にしている例をご紹介します。岡山市に本社を置く「アスコルバイオ研究所」の山本社長は元岡山大学薬学部の教授でした。岡山大学で教鞭をとりながら、ビタミンCが人の身体に最も有効な生理活性物質というテーマで信念の基に研究を続けていました。その研究からアスコルビン酸2グルコシド（ＡＡ２Ｇ）という特殊なビタミンＣ（ビタミンＣ誘導体）を発見しその製造法を開発します。ビタミンＣの構造にある糖がつくことでビタミンＣの弱点を補うことができるのです。

通常ビタミンＣは、空気、熱、酸、紫外線に大変弱いものです。そのため市販のビタミンＣは酸化防止剤、安定剤が大量に入っています。ＡＡ２Ｇはその弱点をすべて補うことができたものでした。さらに分子についた糖は小腸にある酵素で初めて結合が外れるため、腸での吸収率が非常に高い特性を持つようになります。すでにこの製造方法は大手原料メーカーや化粧品会社にライセンス供給されています。しかし山本社長はこの**天から授かったＡＡ２Ｇを一人でも多くの人に届けたい考え、六五歳で大学退官後すぐに起業しました。**そして水なしでもおいしく飲めて健康と美容が保てる個人向け商品「プロビタＣ」として販売しました。

なるべくダイレクトに消費者にとどけたいという意向でドラッグストアへの卸売りは通さず、代理店販売とＷｅｂの直接販売です。しかし飲むと美白や健康状態を体感できるので、口コミで広がりながら日々着実にファンを増やしています。自分の人生をかけた研究でつくりあげたものを人の健康と美容のために役立てるというミッションとともに製品にして世に出している例です。

# 日本企業のミッション（経営理念）

日本の成長を支えた企業の経営理念を見てみましょう。

こちらの日本企業の経営理念（および一部社訓）に関しては、日本の会社らしさが多く含まれていることが感じられます。日本人が受け入れやすい仏教や儒教的思想が多く入っています。これらは、多くの日本人がしっくりくる感覚を持つのではないでしょうか？共通する特徴は経営理念の根幹には、企業の存在が社会に貢献することがうたわれていることです。

「感謝報恩」「善の循環」などの多くの仏教思想、儒教思想、朱子学、陽明学等の要素を含んだものになっています。また「終生修行」「輪廻」「愛情」「気」「信念」「誠実」が入っていることも多いのです。創業した経営者の考えが二宮尊徳、渋沢栄一、鮎川義介の流れの影響をうけていると考えられます。これら独自の経営道ともいえる日本流のミッションは多くあります。

戦後に設立または発展した企業に、日本独特の経営理念が多く存在していました。戦後何もかも不足するなかで、創業者が経営理念を打ち出し、将来のビジョンを示すことで、会社を成長させていったのだと考えられます。

日本では平和な時代より、時代の大きく変わるタイミングにこうした高い目標を目指した企業理念が生まれるといえます。現在もマネー資本主義が終焉し、次の資本主義に移る大きな変化のタイミングといえます。西洋から取り入れた資本主義を経験し、本来根底に東洋の思想を持つ日本は存在自体が独特で唯一のものです。新世代の日本の起業家・経営者は自身の考え出すミッションを尊重して会社を運営することで、これまでとは違う新たなかたちで資本主義が形成されていく予感がします。

### コラム　孫子の兵法にも明示されるミッション

孫子の兵法のなかにもミッションは出てきます。「孫子曰く、兵は国の大事。死生の地、存亡の道なり。察せざる可からず。故に……一に曰く道、二に曰く天、三に曰く地、四に曰く将、五に曰く法。」孫子の兵法の計編です。最初の「道」。この道が最初に来ることに意味があります。

一番目の「道」は、ミッション（経営理念）になります

二番目の「天」は、会社が製品投入などの撃ってでるタイミング

三番目の「地」は、マーケット。どこで戦うかをはっきりしているか

四番目の「将」は、経営陣と幹部社員そのモチベーションと配置

五番目の「法」は、組織ルールとコンプライアンス

投資検討で事業計画書を読みとくときには、右記五つが網羅されているか確認していました。また私が事業計画書を作成するときにも右記五つが揃っているかをチェックしているものです。網羅できていれば事業戦略の基本ポイントは抑えていることになります。

| 日本の企業名 | 経営理念または社訓の抜粋 |
|---|---|
| 松下電器産業 | 私たちの使命は、生産・販売活動を通じて社会生活の改善と向上をはかり、世界文化の進展に寄与する事。<br>産業報国の精勤　公明正大の精神　和親一致の精神<br>礼節謙虚の精神　順応同化の精神　感謝報恩の精神 |
| トヨタ自動車<br>その他<br>「トヨタ基本理念」<br>「企業理念」などがある | 「豊田綱領」　豊田佐吉<br>一、上下一致、至誠業務に服し産業報國の實を擧ぐべし<br>一、研究と創造に心を致し常に時流に先んずべし、<br>一、華美を戒め質實剛健たるべし、<br>一、温情友愛の精神を發揮し家庭的美風を作興すべし<br>一、神佛を尊崇し報恩感謝の生活を爲すべし |
| 東京通信工業<br>ソニー<br>(口語に変換) | 不当なる儲け主義を廃し、飽迄内容の充実、実質的な活動に重点を置き、徒らに規模の大を追わず、経営規模としては寧ロ小なるを望み、大経営企業の大経営なるが為に、進み得ざる分野の技術の進路と経営活動を期する |
| 本田技研工業 | 本田技研基本理念：人間尊重<br>三つの喜び：(買う喜び、売る喜び、創る喜び)<br>自立とは、とらわれず自由に発想し、自らの信念にもとづき主体性をもって行動し、その結果について責任を持つ既成概念にことです。<br>平等とは、お互いに個人の違いを認め合い尊重することです。また、意欲のある人には個人の属性（国籍、性別、学歴など）にかかわりなく、等しく機会が与えられることでもあります。<br>信頼とは、一人ひとりがお互いを認め合い、足らざるところを補い合い、誠意を尽くして自らの役割を果たすことから生まれます。Hondaは、ともに働く一人ひとりが常にお互いを信頼しあえる関係でありたいと考えます。 |
| キャノン | 企業理念は「共生」です。<br>共生は文化、習慣、言語、民族などの違いを問わずに、すべての人類が末永く共に生き、共に働いて、幸せに暮らしていける社会をめざします。<br>現キャノンは、「世界の繁栄と人類の幸福のために貢献していくこと」をめざし、共生の実現に向けて努力をつづけます |
| 京セラ | 敬天愛人<br>常に公正正大、謙虚な心で仕事にあたり天を敬い人を愛し仕事を愛し会社を愛し国を愛する。　全従業員の物心両面の幸福を追求すると同時に、人類、社会の進歩発展に貢献すること。 |
| ヤマハ | 社訓：本社に勤務する者は勉学修養を心掛け親切至誠を以って事に当り職務を愛好し,実行に敏に,特に規律共同を尚び不撓不屈の精神を以って工夫改善に志し業務と通じて国家社会の貢献し以って有用の材たらむことを期すべし。 |
| シャープ | 誠意は人の道なり、すべての仕事にまごころを |
| YKK | YKK精神<br>「善の循環」他人の地益を図らずして自らの繁栄はない。 |
| リコー | 三愛精神：人を愛し、国を愛し、勤めを愛す<br>行動指針：自ら行動し、自ら創り出す（自主創造）<br>相手の立場にたって考え、行動する（お役立ち精神）<br>会社の発展と個人の幸福の一致をはかる（人間主体の経営） |
| 第一三共 | 革新的医薬品を継続的に創出し提供することで世界の人々の健康で豊かな生活に貢献する |

## リーディング企業の経営理念

| 日本の企業名 | 経営理念または社訓の抜粋 |
|---|---|
| 日本電産 | 世界一を追及するこれが当社のアイデンティティー<br>社是<br>我社は科学・技術・技能の一体化と誠実な心をもって、全世界に通じる製品を生産し社会に貢献すると同時に会社および従業員の繁栄を推進することを旨とする。<br><br>経営三原則<br>・企業とは社会の公器であることを忘れることなく経営にあたる。すなわち、非同族企業を目指し何人も企業を私物化することは許されない。<br>・自らの力で技術開発を行い、自らの力でつくり、自らの力でセールスする独自性のある企業であること。すなわち、いかなる企業のカサの<br>中にも入らない独立独歩の企業づくりを推進する。<br>・世界に通用する商品づくりに全力をあげ、世界の市場で世界の企業と競争する。すなわち、インターナショナルな企業になることを自覚し努力する。<br><br>三大精神<br>①情熱・熱意・執念<br>②知的ハードワーキング<br>③すぐやる、必ずやる、出来るまでやる |
| 大丸 | 義を先にして、利を後にする者は栄える |
| バンダイ | 創業理念：萬代不易（ばんだいふえき）<br>ビジョン：世界一の感動創造企業 |
| 白洋舎 | 何事でも人々からしてほしいと望むことは、人々にもそのとおりにせよ　(マタイによる福音書第7章12節)<br><br>社訓：畏神、服権、愛隣 |
| ノリタケ | 社是：「良品・輸出・共栄」<br>海外貿易ハ四海兄弟人権拡張共同幸福ヲ得テ永ク世界ノ平和ヲ保チ国家富強ノ元ヲ開キ将来国家ニ志ス者ノ執ルベキ事業ト決心シ創立シタル社中也私利ヲ不樂一身ヲ犠牲トシ後世国民ノ発達スルヲ樂トスルヲ目的トス至誠ヲ心トシ信実ヲ旨トシ約束ヲ違ヘサル事ウソヲツカヅ慢心イカリ驕リ怠リ私欲ヲ慎ム事身ヲケガスナカレ朋友ハ肉身ヨリ大切ナリ　和合共カスル時ハ其功徳金銭抔ノ及フ所ニアラズ終生ノ神霊ナリ天ノ道ヲ信スヘシ天ハ人ノ為ニ万物ヲ経営シ寸時モ休ム事ナシ右ノ條々ヲ鉄石心ヲ以勇気昇天ノ如ク確守スベシ修養シテ怠ラサレハ心神ノ至誠天ニ通スベシ |
| コナミグループ | 世界中の人々への『価値ある時間』の創造と提供を通して、…常に期待される企業集団をめざします。 |
| 総合警備保障 | 我が社は、「ありがとうの心」と「武士の精神」をもって社業を推進し、人類生存の基本である社会の安全の確保に貢献するとともに、常にベストワンカンパニーを目指して最善を尽くす |
| ファースト<br>リテイリング | 本当に良い服、今までにない新しい価値を持つ服を創造し、世界中のあらゆる人々に、良い服を着る喜び、幸せ、満足を提供します<br>　独自の企業活動を通じて人々の暮らしの充実に貢献し、社会との調和ある発展を目指します |

## ビジョンとミッションの違い

ミッションを打ち出した後、それを補うビジョンもつくります。ビジョンは鮮明な会社の将来像です。ビジョンを定めることで、その後の経営目標・計画が実効性の高いものとなります。

ミッションをつくり出す過程で、ビジョンになる要素が断片として出てきます。それを最終的に集め、ミッションがまとまったら、すぐにビジョンをつくり上げます。

ビジョンにはミッションを実現させるためのプロセスを表示することができます。使命を負った大きなミッションをビジョンを通じて受け取る相手にイメージさせる効果も持ちます。ミッションでは時間軸を超長期に設定します。ときには永遠のテーマとなります。従って、ビジョンには時間軸を区切って明示するとともに、そのときどきの会社の姿を画像・映像になるほど明確にします。

ビジョンは経営者がつくり出す会社の将来の姿の具体化です。

将来の製品のディテールから、社員の顔つきに、オフィスの様子、出会う人々の映像を思い描くのが重要です。表現できるならイラストや立体映像にするのもよいです。それを思い描いた経営者なら、言葉だけではない、表現し尽くせないものを表現したくなるものです。ビジョンの表現にはデザイナーやイラストレイターを使うのも有効です。

そうしたビジョンは聞く人の心に響き、聞く側が勝手に想像力をかき立てられるものになります。ビジョンに感化されて聞いた人がそれに関連したビジョンを話し始めます。

こういった力強いビジョンにするためには、つくり出さなくてはなりません。つくり出したものでなくては受け取る側に通じないのです。ミッションに続いてビジョンも経営者の作成過程が必要です。

# ビジョンの具現化

最近これこそビジョンと感銘したのはデザインの世界で活躍されている和田智さんです。

カーデザイナーとしても有名な和田智さんのお話を聞く機会がありました。アウディの主力車種A6、Q7、A5をドイツ本社唯一のアジア人デザイナーとして手がけた方です。ミュンヘンでの経験談は大変興味深いものでした。個人的にもQ7、A5は好きな車なので楽しんで話を聞きくことができました。

和田さんの話を聞くと、欧州には根づいた車づくりの伝統と新たな価値の創造を融合させるミッションが脈々と流れているというのを感じました。それは欧州の街、人、伝統と車をベースにしながら、車だけの斬新さだけではない、街と相容れ合う製品づくりの考え方があるということでした。著書の『未来のつくりかたAudiで学んだこと』のなかにもその経験が書かれています。

和田さんは日本でSWデザイン社を起業したばかりですが、すでに新規の電気自動車（EV）のデザインも手がけています。それは駐車していてもスマートで街と共存するデザインです。そしてさらにEVがスマートに収まる住まいのデザインもしています。

私がこれこそビジョンと感じたのはSWデザイン社の長期プロジェクトの「一〇〇年後の東京をデザイン」です。江戸の街が設計されたときの堀を渦巻き状にしたものを復活させて「水と回廊の都市」にするというものです。谷崎潤一郎の小説から影響も受けているそうですが、明治の頃東京には当然首都高速はなく、水路を使う船の移動が粋な楽しみがあり、その復興ともいえます。現在から一〇〇年後の東京は首都高速道路自体がなくなっているかすべて地下化されていて、EVの普及で内燃機関の車はもうなくなっている環境です。また欧州に比べて都市の景観を損なう高層ビルは一〇〇年後もう東京には不要となります。東京を高層ビル群ではなく、低層のビルと堀と水の流れで形づくり、豊かな自然環境と一体化しています。都市にいながら自然環境に囲まれたオフィスと住空間が存在するのです。水路を形成する傾斜部分がオフィスや住居になっているのです。

その構想にはもうCGを使った東京のデザインが存在しています。江戸の基本設計と二一世紀の都市に必要なものを融合させた東京のグランドデザインです。東京を愛するからこそ出てくるビジョンです。久しぶりにビジョンを明示できる大人の経営者に出会えました。聞いていながら私まで創造力を働かせて東京の未来を考えていました。そしてワクワクするのです。

ビジョンとはこういった創造性を伴うもので、そのイメージを受け取る人も創造力がさらかき立てられるものです。

よくある誤まりは、ビジョンを語っているつもりでも、現状の会社の延長の事業を表現してしまうことです。人を感化し、感動させ、聞く側も創造力を刺激されるのは、将来起こることとして断言されたものです。そのためビジョンもつくり出さなくてはなりません。

## 海外でのミッションの事例

ミッションが経営の根幹になることは、国を問わず受け入れられるものと感じます。特にアジアでは受け入れられると感じます。

友人の企画したものです。インドのムンバイに近い都市で日本人の経営幹部の研修を行うにあたって、ケーススタディーとして扱った『自宅でつくった弁当を昼前に自宅から回収してご主人の職場に昼前に届ける配達サービス』についてです。
インドのムンバイでは、周辺の街や村から朝のラッシュに揉まれ毎日通勤している人たちがたくさんいます。その混雑は想像を絶するほどで通勤ラッシュの圧迫と電車からの転落で年間一〇〇〇人ほどの死者が出るということです。そのため、ほとんど荷物を持たず身一つで通勤している人が数多くいるという環境です。

ここに、勤務先のご主人に弁当を届けるという配達事業者が現われました。

ムンバイの周辺の町や村の家庭から昼食のお弁当をピックアップして、ムンバイ周辺のご主人の勤務先に届けるというサービスです。その配送は、ラッシュの終わった電車を使い、車やバイクは使いません。

弁当箱をたくさんの家庭から回収する係、駅でその大量の弁当箱を受け取る係、電車の中で仕分ける係、降ろす駅でまた駅待機係に手渡す係、その駅から弁当を受け取りオフィスに届ける係、食べ終わった午後時間には、弁当箱を回収する係がピックアップをして、午前の逆で自宅まで届ける戻すサービスをします。弁当箱には簡単な記号が記されているだけです。

毎日二〇万個程の配達を完璧にやり遂げているのです。一カ月間の誤配率も数個、実にシックスシグマ（一〇〇万分の一の誤差）が完成しているのです。さらにそれを行っているのは、実は、五〇〇〇人の文字の読み書きのできない労働者なのです。

このサービスは何年にもわたり拡大を続けており、インドでのビジネススクールでの教材にもなっているそうです。

このサービスにビジネスとしてのマーケットがあることに気づいたことにも感心しますが、その業務において誤配率を低く保つために考え出されたイノベーションにも感服いたします。家庭からオフィスまでのルートの係を決め、さらに文盲の人が分かるように弁当箱には記号を記しているのです。それ以上に注目すべきは、ただひたむきに毎日配送を行うこの人たちの「よい仕事をする」というモチベーションの維持です。

後日この企画をした友人が、インドのムンバイ市とプネ市で日本人の経営幹部の研修を行ったときに、「彼らのモチベーションのわけが解明しましたよ」と連絡がありました。「彼ら五〇〇〇人の組織の根幹にあったのは、『ミッション』でした。インドらしいのですが『SERVE TO GOD（神への奉仕）』。このミッションでこの大組織を動かし続けていたのです」と教えてくれたのでした。

インドはカースト制が残っていますが、このカーストの上層の人たちは、多くのNPOを立ち上げています。富めるものが宗教的な影響を受けて、社会保障の役割を担っているのです。このNPO法人により、雇用の機会をほかの人に与え、報酬が払われます。また働きがい自体を供給しているとも言えます。

この教材で研修を受けたのは、日本企業の経営幹部であったのですが、ほとんどの方が研修中に自分の会社のミッションを思い出すことができずに、その夜にウエブサイトで確認したということでした。

## ミッションとビジョンで決まる未来創造価値

経営者の役割は未来にわたって価値を創造することである。第2章では未来創造価値はその会社の社会貢献の総数と同じになり、創業経営者の時価総額に匹敵するといいました。

### 社会貢献の総数＝創業経営者の時価総額＝未来創造価値

「未来創造価値」の数量化は、会社のミッションとビジョンに見られる社会貢献や従業員などへの貢献の範囲から係数化を行います。

ミッションはそのなかに表現されて、かつカバーされた範囲によって五段階の評価をします。ビジョンはそれによって打ち出された将来の状況から五段階評価して、トータルの点数を評価します。

この評価係数の比較でミッションとビジョンを打ち立てた時点でのその企業の評価が可能になります。これは創業経営者の志を評価したものと判断できます。これを「ミッションとビジョンの評価係数」としてポイントにしています。

さらに未来創造価値を貨幣価値として算定するために、その会社が策定している事業計画書の五カ年分の売上総利益（粗利）を入手して、五カ年分と係数をかけます。この数値を未来創造価値の時価総額として定義できると考えています。

売上総利益を基準としたのは、金額として数値化にするにおいて会社の損益から基準を採用しようと考えたからです。売上総利益は損益計算書のなかで最初に計算される事業の付加価値であり、それは従業員への配分、製品を出すための配分などへの源泉と考えられるからです。

またＶＢのように現在は売り上げがゼロでも、将来の事業計画の数値をもとにすると、会社の価値の算定ができると考えられます。会社では実務的にも長期計画を五カ年分はつくるものですので、算定期間を五年としました。予想数値がない場合は直近決算の実績の売上総利益（粗利）を五倍にして代用します。

## 未来創造価値＝五年分の予想粗利合計×ミッション（およびビジョン）の評価係数

本書オリジナルの企業価値の算定方法です。現在の算定方法はβ版といえます。今後この算定方法をもとに会社の算定データを集めて集大成にしたいと考えています。

この未来創造価値を創業経営者に率いられた上場企業に当てはめ算出してみました。

①ユニクロブランドで展開するファーストリテイリング社です。実質の創業者で現在もトップは柳井正氏です。現在売上高二兆七六三四億円。株式時価総額二・六兆円（二〇一〇年九月時点）です。

売上総利益は直近決算で三四一五億円です。五期分の予想数値はないので、直近の売上総利益を五倍して五期分とみなして、一兆七〇七五億円。これにミッションからのポイン

## 未来創造価値の係数算定表

| | 第1項目 | 第2項目 | 第3項目 | 第4項目 | 第5項目 |
|---|---|---|---|---|---|
| 係数項目 | ミッション・ビジョン到達地域 | ミッション・ビジョンがカバーする貢献の時間軸 | 製品・サービスに対する付加価値と顧客に対する誠実度 | 従業員への成長の場の提供度 | 会社以外への付加価値の提供対象の数 |
| 内容 | 事業による貢献の広がる対象がどこまでかで判定 | 事業の貢献がいつまで続くものかで判定 | ①技術開発・サービス向上・卓越性<br>②誠実・正しさ<br>③熱意・元気喜び<br>④気配・配慮<br>⑤革新性追求 | ①スキル向上<br>②やりがい<br>③人間成長<br>④チームワーク・<br>⑤健康 | ①人類の倫理向上<br>②地球環境<br>③特定分野の貢献<br>④株主への利益<br>⑤社会の調和性 |
| 対応項目とポイント | **設定なし** | **設定なし** | **対象なし** | **設定なし** | **設定なし** |
| | 0 | 0 | 0 | 0 | 0 |
| | **ユーザー** | **25年** | **対象1項目** | **対象1項目** | **対象1項目** |
| | 1point | 1 point | 1 point | 1 point | 1 point |
| | **地域** | **50年** | **対象2項目** | **対象2項目** | **対象2項目** |
| | 2point | 2 points | 2 points | 2 points | 2 points |
| | **日本** | **100年** | **対象3項目** | **対象3項目** | **対象3項目** |
| | 3point | 3 points | 3 points | 3 points | 3 points |
| | **周辺国エリア** | **200年** | **対象4項目** | **対象4項目** | **対象4項目** |
| | 4point | 4 points | 4 points | 4 points | 4 points |
| | **全世界** | **200年超** | **対象5項目** | **対象5項目** | **対象5項目** |
| | 5point | 5 points | 5 points | 5 points | 5 points |
| 小計 | | | | | |

| | |
|---|---|
| **合計** | |

トの合計を掛けます。

ミッションを会社案内からみていきます。

はっきりしているのは、個人の野望と思われる内容は皆無です。

ミッションのカバーする範囲規模は「世界中」ですので、ポイントは5です。時間軸の限定は特になく、すべてのミッションに関連する項目からも永遠に続くので、こちらもポイントは5です。製品・サービスにおいては五項目のうち四つに該当しますのでポイントは4です。従業員に対する五項目も三つは該当しますのでポイントは3です。会社外影響力は5項目中、倫理、地球、二つに対応しますので、ポイントは2です。

合計のポイントが一九です。

これによる試算では
一兆七〇七五億円　×　一九倍　＝　三十二兆四四二五億円
本書の方式の試算でファーストリテイリングの未来創造価値は三十二兆四四二五億円となりました。

②インターネットサイトの楽天です。創業者であり、経営のトップは三木谷浩史氏です。

グループの連結数値で現在売上高二九八二億円　売上総利益二二八二億円　経常利益五四八億円　株式時価総額七八八七億円（二〇一〇年九月）。

残念なのは、ミッション、経営理念、ビジョンがないことです。「成功のコンセプト」という全社員に向けたメッセージを掲げていますので、そちらから関連しそうな項目を当てはめてみました。

まずミッションがないので、カバーする貢献の範囲規模は特に見当たりません。「世界一」の言葉はあるのですが、会社の目標ですので、ミッションとしてのポイントは0です。

時間軸の広がりも特にないで、時間軸ポイントは0です。製品・サービスにおいては顧客の満足度の最大化が一つ該当しますのでポイントは1です。従業員に対する項目ではプロフェッショナル化が該当しそうですのでポイントは1です。会社外影響力は特に該当項目がないので、ポイントは0です。そうすると、合計ポイントは2ポイントです。

五期分の予想数値は公表されていませんので、直近決算の売上総利益を五倍して五期分とみなします。一兆一四一〇億円の二倍です。

一兆一四一〇億円　×　二倍　＝　二兆二八二〇億円

本書の方式で試算すると楽天の未来創造価値は二兆二八二〇億円となりました。楽天の株式の時価総額は七七一七億円（二〇一〇年九月一七日）、未来価値は時価総額の約三倍になります。ファーストリテイリングは株式時価総額一兆二九五一億円に対して未来価値は三二兆四四二五億円ですので、未来価値が現在の時価総額の二十五倍になります。

ソフトバンクは株式時価総額が二兆九〇九八億円で、未来価値が七九兆二四〇〇億円となり、未来価値が時価総額の三〇倍になっています。私はこの未来価値の算定数値を現在の時価総額と比較した時の倍数は、超長期の企業の成長潜在力を表わすことになるのではないかと考えています。

この算定を現在上場している特に新興のネットサービス企業でも行ってみましたが、想像以上にミッションやビジョンを明示していない会社が多く、そうした会社は算定不能となりました。こうした状況を見ると、算定不能だった会社は「一〇年後に存在しているだろうか？」とふと感じてしまいます。

## ファーストリテイリングのミッション

**服を変え常識を変え世界を変えてゆく**

本当に良い服、今までにない新しい価値を持つ服を創造し、世界中のあらゆる人々に、良い服を着る喜び、幸せ、満足を提供します

独自の企業活動を通じて人々の暮らしの充実に貢献し、社会との調和ある発展を目指します

※加えて価値観 Value、行動範囲が含まれる

## 資料　ファーストリテイリング　未来創造価値の試算表

| 区分 | 1 | 2 | 3 | 4 | 5 |
|---|---|---|---|---|---|
| 係数項目 | ミッション・ビジョン到達地域 | ミッション・ビジョンがカバーする貢献の時間軸 | 製品・サービスに対する付加価値と顧客に対する誠実度 | 従業員への成長の場の提供度 | 会社以外への付加価値の提供対象の数 |
| 内容 | 事業による貢献の広がる対象がどこまでかで判定 | 事業の貢献がいつまで続くものかで判定 | ①技術開発・サービス向上・卓越性<br>②誠実・正しさ<br>③熱意・元気喜び<br>④気配・配慮<br>⑤革新性追求 | ①スキル向上<br>②やりがい<br>③人間成長<br>④チームワーク・<br>⑤健康 | ①人類の倫理向上<br>②地球環境<br>③特定分野の貢献<br>④株主への利益<br>⑤社会の調和性 |
| 対応項目とポイント | **設定なし** | **設定なし** | **対象なし** | **設定なし** | **設定なし** |
| | 0 | 0 | 0 | 0 | 0 |
| | **ユーザー** | **25年** | **対象1項目** | **対象1項目** | **対象1項目** |
| | 1point | 1 point | 1 point | 1 point | 1 point |
| | **地域** | **50年** | **対象2項目** | **対象2項目** | **対象2項目** |
| | 2point | 2 points | 2 points | 2 points | (2 points) |
| | **日本** | **100年** | **対象3項目** | **対象3項目** | **対象3項目** |
| | 3point | 3 points | 3 points | (3 points) | 3 points |
| | **周辺国エリア** | **200年** | **対象4項目** | **対象4項目** | **対象4項目** |
| | 4point | 4 points | (4 points) | 4 points | 4 points |
| | **全世界** | **200年超** | **対象5項目** | **対象5項目** | **対象5項目** |
| | (5point) | (5 points) | 5 points | 5 points | 5 points |

**合計ポイント**　19ポイント

## 楽天　成功の5つのコンセプト

**〈世界一のインターネットサービス企業へ〉**

① 常に改善、常に前進

② Professionalism の徹底

③ 仮説→実行→検証→仕組化

④ 顧客満足の最大化

⑤ スピード!! スピード!! スピード!!

## 資料　楽天　未来創造価値の試算表

| 区分 | 1 | 2 | 3 | 4 | 5 |
|---|---|---|---|---|---|
| 係数項目 | ミッション・ビジョン到達地域 | ミッション・ビジョンがカバーする貢献の時間軸 | 製品・サービスに対する付加価値と顧客に対する誠実度 | 従業員への成長の場の提供度 | 会社以外への付加価値の提供対象の数 |
| 内容 | 事業による貢献の広がる対象がどこまでかで判定 | 事業の貢献がいつまで続くものかで判定 | ①技術開発・サービス向上・卓越性<br>②誠実・正しさ<br>③熱意・元気喜び<br>④気配・配慮<br>⑤革新性追求 | ①スキル向上<br>②やりがい<br>③人間成長<br>④チームワーク・<br>⑤健康 | ①人類の倫理向上<br>②地球環境<br>③特定分野の貢献<br>④株主への利益<br>⑤社会の調和性 |
| 対応項目とポイント | **設定なし** | **設定なし** | **対象なし** | **設定なし** | **設定なし** |
| | 0 | 0 | 0 | 0 | 0 |
| | **ユーザー** | **25年** | **対象1項目** | **対象1項目** | **対象1項目** |
| | 1point | 1 point | 1 point | 1 point | 1 point |
| | **地域** | **50年** | **対象2項目** | **対象2項目** | **対象2項目** |
| | 2point | 2 points | 2 points | 2 points | 2 points |
| | **日本** | **100年** | **対象3項目** | **対象3項目** | **対象3項目** |
| | 3point | 3 points | 3 points | 3 points | 3 points |
| | **周辺国エリア** | **200年** | **対象4項目** | **対象4項目** | **対象4項目** |
| | 4point | 4 points | 4 points | 4 points | 4 points |
| | **全世界** | **200年超** | **対象5項目** | **対象5項目** | **対象5項目** |
| | 5point | 5 points | 5 points | 5 points | 5 points |

**合計ポイント**　2ポイント

今企業で勢いのある日本企業で創業者に率いられている企業をみてみました。業態の似ているまたは競合している二社以上で比較をしてみました。

まずネット事業では、「アメブロ」で有名なサイバーエージェント（CA）と「お名前ドットコム」「クリック証券」のGMOインターネット（GMO）の比較です。売り上げの規模ではCAがGMOの三倍ほどです。株式時価総額も三倍です。しかし未来価値においては逆転してGMOがCAの二倍の価値をつけます。ミッションとビジョンによる会社の目指している方向性でGMOの係数ポイント（＝未来価値系数）が高いからです。

「モバゲー」と「ビッターズ」で知名度のあるディーエヌエー（以下DeNA）とやはり無料ゲームのグリー（GREE）とを比較してみると、売り上げの規模はDeNAがグリーの約三倍です。株式時価総額はDeNAは三一六一億円、GREEは三九三四億円です。しかし未来価値においての算定においては、DeNAが一五九〇億円、GREEが四四八〇億円と逆転します。

これもミッションとビジョンによる係数ポイント（＝未来価値係数）がGREEのほうが多い。将来像が明示できている点の違いです。

この二〇年で成長し化粧品の新興企業で比較してみました。
近年上場した会社で比較すると、ファンケルとドクターシーラボでの比較が可能です。両者とも売り上げ規模は九〇〇億円台、収益率はファンケルのほうが高いです。株式時価総額はファンケルが八九七億円に対して、ドクターシーラボが七七二億円。未来価値の金額になると、その差は開きます。ファンケルが二兆三二四〇億円に対して、ドクターシーラボが三三五〇億円になります。ファンケルのほうが未来価値を生み出せる要素をミッションに多く持っています。

今度は二〇〇〇年以降介護業界に進出した創業経営者に率いられた上場会社二社の比較です。医療事務最大手から介護事業に進出したニチイ学館と外食チェーン店事業から介護事業にも進出したワタミです。売り上げ規模はニチイ学館が二五五三億円、ワタミが一一五四億円。売り上げはニチイ学館がワタミの二倍ですが、利益水準は両者とも経常利益六〇億円と拮抗します。株式時価総額もニチイ学館が五六二億円、ワタミが六八一億円です。未来価値での算定だとニチイ学館が一兆一七〇〇億円に対して、ワタミが五兆二五〇〇億円となり、四倍以上の差になります。もともとワタミの渡邉社長は理念を持った経営者として有名ですが、会社のミッションにもそれが明示されています。

金融事業者ではこの一〇年に成長し、話題の多い二社、マネックスグループとSBIホールディングを取り上げました。会社規模はSBIホールディングスがマネックスの五倍です。金融事業者は多くの場合ミッションは持っていないものです。その前提で見てみたところ、SBIホールディングの明示しているミッションが金融事業者にしては多くあったことに驚きました。よってSBIのほうが一〇倍以上の未来創造価値になりました。

家電量販店で見てみましょう。ヤマダ電機、コジマそして都市型展開のビックカメラの三社を比較しました。係数の数値があまり大きくならないのは、ミッション（経営理念）がヤマダ電機とビックカメラの二社にはなかったからです。一方コジマはそのミッションは経営理念としての明示があり、多くの社会貢献を宣言しているのです。よってミッションの示す未来価値係数が非常に高いものになっているのです。

外食産業を見てみましょう。上場している外食は多数ありますが、ここでは郊外型出店の三社に注目してみました。ゼンショー、サイゼリヤ、壱番屋の三社です。

「すき屋」「なか卯」「華屋与兵衛」「ＣＯＣＯＳ」ほか多数のブランドを展開するゼンショーは非常にミッションがしっかり明示され、そのカバーする範囲も大変広いのです。企業規模もありますが、その社会貢献性が非常に大きく未来価値も一一兆一五〇〇億円になっています。

非常に高い経営理念ですのでご紹介すると、「世界から飢餓と貧困を撲滅するため、『フード業世界一』を目指します。」です。それを補足するビジョンにあたるのはゼンショーの場合は「私たちの使命」になります。それもご紹介します。

・世界中の人々に安全でおいしい食を手軽な価格で提供する
・そのために、消費者の立場に立ち、安全性と品質にすべての責任を負い、食に関わる全プロセスを自ら企画・設計し、全地球規模の卓越したマス・マーチャンダイジング・システムをつくり運営する
・世界には、すべての人が食べることができる十分な食料があるにもかかわらず、過剰な国と不足している国とのアンバランスに問題があると言われています。ゼンショーグループは、世界の食事情を変えることのできるシステムと資本力を持った「フード業世界一」企業となり、世界から飢餓と貧困を撲滅することを目指します。

そのほかこの二〇年以内に上場をした企業を何社か算定してみました。注目すべきはHISと雪国まいたけです。

会社がその活動を通じて成し遂げようとすること、目指すものが非常に多くあります。機会がありましたらぜひHPでこの二社のミッションをみてください。存在し続けてほしいと思えるミッションを持つ会社なのです。

この一覧表には、現在（二〇一〇年九月下旬）の各社の株式時価総額も記載しました。株式時価総額が今現在と期待値も含めた株主からの評価金額として考え。未来価値はその何倍になっているかを倍数で表示もしています。

これも業界ごとに比べることにより、相対的に超長期でどちらの会社のほうが存在してほしい会社かという見方で、今後三〇年、五〇年存続する可能性が見えそうです。

また、もともと創業者により起業されその後世界企業になった会社を見てみました。創業者はもう亡くなっていてその創業者の経営理念が継承せれているかが見えてとれます。

残念なのは、外国人経営者になってから、ソニーにミッションがはずされてしまったことです。先ほどの経営理念の表でも以前のソニーのミッションを載せています。
同様に外国人経営者である日産自動車もミッションが現在のＨＰでは見当たりません。
外国人の経営者はミッションに価値を認めていないのかもしれません。

| 未来創造価値 | | | 株式価値と未来価値の比較 | | |
|---|---|---|---|---|---|
| 5期分売上<br>総利益 | M&V<br>評価係数 | 未来価値 | 未来価値/<br>株式時価総額 | 企業<br>理念 | 算定の基 |
| 単位：億円 | ポイント | 単位：億円 | 倍 | 有無 | |
| 11,410 | 2 | 2兆2820 | 3 | 無 | 成功のコンセプト |
| 17,075 | 19 | 32兆4425 | 25 | 有 | 企業理念 |
| 71,840 | 10 | 71兆8400 | 25 | 有 | 企業理念 |
| 3,015 | 2 | 6,030 | 6 | 有 | ミッションステートメント |
| 1,040 | 14 | 1兆4560 | 48 | 有 | 企業理念 |
| 530 | 3 | 1,590 | 1 | 有 | ミッション |
| 640 | 7 | 4,480 | 1 | 無 | コーポレートメッセージ |
| 240 | 7 | 1,680 | 12 | 有 | 企業理念・約束 |
| 3,320 | 7 | 2兆3240 | 26 | 有 | 企業理念 |
| 1,675 | 2 | 3,350 | 4 | 有 | 企業理念 |
| 6,865 | 8 | 5兆4920 | 20 | 有 | 企業理念 |
| 7,710 | 5 | 3兆8550 | 10 | 有 | ロマン　志 |
| 2,840 | 3 | 8,520 | 34 | 有 | 経営理念 |
| 2,340 | 5 | 1兆1700 | 21 | 有 | 企業理念 |
| 3,500 | 15 | 5兆2500 | 77 | 有 | 企業理念 |
| 25,585 | 1 | 2兆5585 | 5 | 無 | 社長あいさつ |
| 7,110 | 1 | 7,110 | 13 | 無 | 社長あいさつ |
| 4,715 | 4 | 1兆8860 | 110 | 有 | 企業理念 |
| 995 | 1 | 995 | 1 | 有 | 企業理念 |
| 3,270 | 4 | 1兆3080 | 6 | 有 | ミッション・ビジョン |
| 11,150 | 10 | 11兆1500 | 110 | 有 | 経営理念 |
| 2,900 | 7 | 2兆0300 | 24 | 無 | ポリシー・強み |
| 940 | 4 | 3,760 | 7 | 有 | 企業理念社是 |
| 2,795 | 6 | 1兆6770 | 29 | 有 | 行動憲章 |
| 485 | 10 | 4,850 | 25 | 有 | 企業理念 |
| 455 | 7 | 3,185 | 8 | 無 | アミュー理念・行動理念 |
| 590 | 6 | 3,540 | 14 | 無 | 社長コメント |
| 6,360 | 1 | 6,360 | 4 | 有 | 企業理念 |
| 3,795 | 1 | 3,795 | 5 | 有 | コンセプト・ミッション |
| 1,835 | 1 | 1,835 | 8 | 有 | 企業理念 |
| 2,850 | 3 | 8,550 | 18 | 有 | 企業理念 |
| 1,205 | 2 | 2,410 | 2 | 有 | 企業理念 |
| 1,020 | 1 | 1,020 | 7 | 無 | 社長コメント |
| 265 | 5 | 1,325 | 12 | 有 | 企業理念 |

## 未来創造価値算定比較一覧

| | 財務数値 | | | | 株式価値（2010年9月） | |
|---|---|---|---|---|---|---|
| | 売上高 | 売上総利益 | 営業利益 | 経常利益 | 株式時価総額 | PER |
| | 単位：億円 | 単位：億円 | 単位：億円 | 単位：億円 | 単位：億円 | 倍 |
| 楽天 | 2,982 | 2,282 | 566 | 548 | 7,717 | 14.3 |
| ファーストリテイリング | 6,850 | 3,415 | 1,086 | 1013 | 12,951 | 24.9 |
| ソフトバンク | 2兆7,634 | 14,368 | 4,658 | 3,409 | 29,098 | 30 |
| サイバーエージェント | 938 | 603 | 44 | 43 | 931 | 73.4 |
| GMOインターネット | 381 | 208 | 46 | 47 | 302 | 22.34 |
| DeNA | 481 | 106 | 212 | 215 | 3,161 | 27 |
| グリー | 139 | 128 | 83 | 83 | 3,934 | —— |
| サイボウズ | 66 | 48 | 4 | 4 | 137 | 48 |
| ファンケル | 995 | 664 | 91 | 91 | 897 | 20.1 |
| ドクターシーラボ | 938 | 335 | 44 | 43 | 772 | 15.8 |
| しまむら | 4,296 | 1,373 | 369 | 381 | 2,783 | 13 |
| ニトリ | 2,861 | 1,542 | 464 | 474 | 4,016 | 17 |
| ベルーナ | 1,001 | 568 | 43 | 42 | 251 | 17 |
| ニチイ学館 | 2,353 | 468 | 68 | 68 | 562 | 16.8 |
| ワタミ | 1,154 | 700 | 62 | 63 | 682 | 20.2 |
| ヤマダ電器 | 2兆　161 | 5,117 | 873 | 1,015 | 5,074 | 8.8 |
| ビックカメラ | 5,891 | 1,422 | 88 | 93 | 548 | 10 |
| コジマ | 4,382 | 943 | 63 | 61 | 171 | 5 |
| マネックスグループ | 224 | 199 | 44 | 44 | 848 | 18 |
| ＳＢＩホールディングス | 1,245 | 654 | 34 | 11 | 2,195 | 78 |
| ゼンショー | 3,341 | 2,230 | 125 | 111 | 1,013 | 28 |
| サイゼリヤ | 883 | 580 | 91 | (69) | 831 | — |
| CoCo壱番屋 | 232 | 188 | 36 | 38 | 536 | 20.2 |
| HIS | 3,250 | 559 | 71 | 55 | 582 | 16 |
| 雪国まいたけ | 261 | 97 | 26 | 20 | 195 | 16 |
| メッセージ | 319 | 91 | 46 | 47 | 395 | 14.8 |
| ナガセ | 358 | 118 | 30 | 27 | 251 | 17 |
| ドンキホーテ | 4,808 | 1,272 | 172 | 159 | 1,540 | 15 |
| カルチュア・コンビニエンス・クラブ | 1,892 | 759 | 128 | 133 | 695 | 7 |
| パソナグループ | 1,835 | 367 | 36 | 40 | 231 | 98 |
| ヤオコー | 1,976 | 570 | 85 | 84 | 479 | 10 |
| パーク24 | 953 | 241 | 105 | 98 | 1,294 | 21 |
| パルス | 341 | 204 | 22 | 22 | 144 | 15 |
| ザインエレクトロニクス | 119 | 53 | 19 | 9 | 109 | 8 |

## 未来創造価値を生み出すミッションの要素

ミッションの未来価値の算定の表はすでにご紹介していますので、未来価値のあるミッションの要素を項目として整理していきましょう。

まず第一区分はミッションによる社会貢献のカバーするエリアの広さです。会社が事業で貢献する対象の広さともいえます。その会社のユーザーに対してか、ユーザーおよび会社のある地域なのかさらに広がり日本全国なのか、日本に会社があるとした場合周辺のアジアにたいしてなのか、更に全世界全人類に対してなのかという対象の広さです。そして大きい方が価値があるという考え方です。

第二区分は、ミッションが時間軸をどこまで先までとらえているかということです。何年先を見通してとらえているのかというスケールです。VBの場合、これから事業で貢献しようとしているか、創業経営者がいるのであれば、その時間軸を何年以上続くことを宣言し明示するのがふさわしいです（※このエリアと時間軸に関して、創業経営者がもう存命せず数十年社歴のある大企業は永遠の時間軸を持っていると見なせます。また全世界に向けて製品を輸出集展開する製造業は第一の区分でも全世界と見なせます）。

第三は、メーカーであれば製品に関して、サービス業はそのサービスに対しての会社としての取り組む姿勢です。技術開発の継続性、サービスの向上意欲、卓越性確保の努力、誠実性、正義、熱意、喜び、感動、継続性、気配り、配慮、革新性の追求。これらに関して適応項目数が多ければ多いほど、価値評価につながります。

第四は、従業員に対して会社の提供する場の内容です。その会社にいることで、従業員の仕事のスキルの向上、やりがい、人間としての成長、人間性の尊重、チームワークの有効性、心身の健康の確保。これらを提供するのがこの事業であると宣言することです。適応項目が多いと、価値も高くなります。

第五は、人類全体に対しての倫理性の向上、社会の調和性、社会貢献、意味あって決めた特定分野への貢献、地球環境保全への取り組みです。そして上場会社や外部投資家を持つ場合はそのステークホルダーへの配慮などになります。

# 第7章

# 未来創造価値は日本流経営の再興

# 日本流の経営を見直す

前章でミッションおよびビジョンによる未来創造価値の算定を紹介しました。この未来創造価値とはひとつの考え方ですが、これを高めることが今後、経営において必要になると考えられます。そして、それは本来日本企業が持っていた日本的経営の再活用なのです。

一九八〇年代には米国では「日本的経営」はよく話題になりました。その当時に分析された日本的経営とは「株式持合制度」「終身雇用制度」「年功序列制度」の三つのポイントが日本企業の強みであるというものでした。

ところが、制度として確立していないため分析し尽くせなかったものに「ミッション（経営理念）による創業経営者のメッセージの継承」もあったと私は考えています。それが経済の閉塞感のある今この時代に、経営に必要なものとして見直される時期に来たのです。

また今後のＶＢの経営でも、ミッションを経営の根幹に置き、会社の存在意義を公に宣言して、製品やサービスのユーザー、また会社の構成員に限らず、社会の利益にまで貢献することで、**今世紀版の日本的経営**ができてくると考えられます。言い方を変えるとすると、**「日本流の経営」**がふさわしいかもしれません。それは新世代の起業家・経営者とＶＢから始まってほしいと考えています。これが二一世紀を担う経営者の新たな考え方になります。

二〇世紀は物質文明の世紀でした。物質的豊かさを追い求める時代であり、科学技術の発展からさまざまな生活を豊かにする製品が世に出ました。そういった製品を手に入れる時代、同時に手に入れるためにお金を稼ぐ時代でした。物質的な豊かさを実現して、敗戦の国として貧困からも急速に抜け出し、一億人が総中流階級と実感できるところまで来ました。

しかし物質的な豊かさを求め続けて、お金を増やす方法論をさまざまに考え、お金を集めることの追求は、一部では「貪欲」を引き起こします。

会社においても利益の追求を目的に置くと手段を選ばない貪欲を生み出します。さらなる貪欲を追い求めた場合、社会での存在価値が認められず、その成長は必ず頭打ちになります。小手先の方法論を多用して、自らの力量を過信したときに、会社の衰退はすぐにやってきます。会社存続は社会への調和をとる、見えない摂理が働いているかのようです。これは会社存在意義が摂理に則れば長期の成長はその会社に呼び込まれるといえます。

さて、未来創造価値をつくり出すための「日本流の経営」の第一の哲学はミッションを経営者が考え出して、しっかり会社の中心に置き経営者自身の言葉で表現をし続けることです。

## 精神的な富と物質的な富

未来価値を生み出すための日本流の経営の二つ目の哲学は、成功の定義です。近年は「物質的な富」の積み上げが唯一のように見られてきました。ここで**成功の定義**を見直して、「精神的な富」という概念を組み入れます。

まず「個人の成功」と「会社の成功」に区分けして見ていきましょう。

個人の物質的な富は、「資産」「保有現金」「収入額」「所有資産」などで、個人の成功はそれらを多く持つことと考えられています。

個人の精神的な富は「充足感」「幸福感」「喜び」「ほかの人に必要とされる」「役立って

いる気持ち」「安心感」などでしょう。

今度は会社においての物質的な富は「収益」「現金資産の増加」「販売シェア拡大」「株主の利益確保」「高い時価総額」などと考えられます。

会社においての精神的な富というと何になるでしょう。「従業員の充実感」「顧客の満足度」「関係取引先の充実感」「従業員の長期的成長」などです。

今後成功の構成要素は「物質的な富」と「精神的な富」、これら二つのバランスのとれた均衡点を求めながら成長を図ることです。そう難しいことではないのです。元来日本人が持っていた価値観がベースになるのですから。

精神的富を犠牲にして物質的富を求めた例があります。上場した会社で、社名は伏せておきます。ある証券アナリストと話をしたときでした。

「Z社はご存知ですか?」

「急成長したVBですね。中小企業や商店のIT戦略を助ける事業とは聞いています」

「そうです。投資家向けの説明にもアナリスト向け説明でも、そう言っています。確かに営業力はあり、業績もいい。証券各社のアナリストたちのレポートでの評価も高いです。でも営業現場で何が起こっているかご存知ですか?」

「いえ、知らないです。何があるのですか？」

「押し込み販売ですね。ほかのＩＴリソース、ＨＰ作成会社、市販のアプリケーションとの比較判断のできないデジタル知識の格差のあることを利用しています。そうしたデジタルデバイドな中小零細企業の経営者と商店主を狙った押し売りです。販売と同時にリースをかけますから、リース契約を締結した時点で売り上げは確定して回収もできます。その現場を知っている人の間では、ＩＴ企業の形をとった零細企業経営者のだまし込みモデルだと言われています」

「いつの時代もこの手の会社は出てきますね」

「そうですね。時代によって商品は違いますが、一定のサイクルで出てきますね。そしてしばらくすると消えていきます。合法な手続きですので、違法ではありません。しかし通常より高いコストを負担させられるのは、主婦、高齢者、学生、そして零細企業オーナー、独立したばかりの医師、商店主だったりします。これはお金の有無よりも比較検討する時間と情報を収集する手段を持たない人をターゲットにした、強力な販売攻勢だからです。最近は訴訟にもなっています」

「稼ぐに手段を選ばす」の典型的な例です。こういった会社での方法はさらにレベルを下げた商売の現場につながり続け、あるとき形だけ真似た心なき人物が一線を越えたときに詐欺事件にまでつながっていくのだと感じます。

こういった販売相手をだましているのを分かりながら仕事と収益を上げる販売手法は、「精神的な富」を犠牲にし、「物質的な富」を入手した例といえます。

情報の量が商売の勝負を分けるのは常ではありますが、弱者の犠牲によって築き上げた富は、社会問題になり会社の存続を危うくし、結局将来につけがまわってきます。本人に戻ってくるブーメランの法則性が働きます。こうした会社は消える運命にありますが、結局、被害者も従業員も不幸といえます。

## 新しい資本主義のかたち

欧州の資本主義・株式会社の制度は、その根底には支配階級が優先される資本論理が存在しています。また米国の会社理論も富の獲得、つまり「物資的な富」がすべてに優先してフォーカスされていました。近年その影響で「会社は株主のもの」であり、株主からの評価のためには短期的な収益を上げることが非常にクローズアップされてきました。

一五〇年前から欧米の資本主義、会社制度を取り入れた日本ですが、制度を導入し始めた明治時代は、サムライの組織形態基本思想に残していました。欧米の支配層の搾取の思想とは違う日本の思想をベースに株式会社というモデルを日本に導入しスタートしています。株式組織形態を持ちながらも経営者は、社員を含めた全体の利益を考え、公共の善を持って組織運営をする経営スタイルです。

この傾向は脈々と引き継がれ、戦後も株式の持ち合いという制度も取り入れて、外資に日本進出の機会を与えなかったのです。これは戦後創業された会社にも引き継がれて、戦後の回復成長に貢献した基本的な考えでした。

高度経済成長がひと段落した頃からその必要性は薄れ、一九八〇年代は日本の特殊性が海外から批判され、その後バブルの発生と崩壊でこうした経営理念と精神的な富は企業においても目に見えない価値として片隅に追いやれました。ここ数年のネットベンチャーブーム、ベンチャー支援ブーム、上場ブームにおいては、一部VBの行動により事業目標は会社としての過度な物質的な富の追求に比重が移りました。旧来の日本的経営スタイルが崩れてきたのです。経営者の個人においても物質的な富に偏重した追求が行われ、ニューリッチとしてマスコミでも話題に上ったのでした。

これまでの物質的な富の追求による一番の問題は、「物質的な富」の追求のために、「精神的な富」を犠牲にしたケースです。「稼ぐが勝ち」「稼ぐに手段はなし」「弱者を踏みにじっても稼ぐ」この風潮が偏重して広がることで、会社勤務する個人の疲弊感、日本人同士の不信が蔓延することになっています。

未来価値を保持するためには、日本流の経営の第二の哲学である成功の定義を「物質的な富」より「精神的な富」に重点をおいていくことです。「『人はパンだけで生きるのではなく、神の口から出る一つ一つの言葉による』とかいてある」（新約聖書「マタイによる福音書」キリストの言葉）

これを日本のＶＢで実践できる経営者が大多数出たとき。新たな資本主義が始まります。

## 日本流の経営者マインド

未来価値を支えるため、日本流の経営の第三の哲学となるのは「道徳と経済性の融合」です。

「商人道（ショウニンドウ／アキンドウ）」という言葉があります。江戸時代に刀を持たない武士道者といわれた石田梅岩が商人道という価値観を形成したといわれます。商売の分野に「道（どう）」という概念を入れていったのは日本特有の現象と言えます。商人道が形成される以前でも、近江商人のいう「三方よし」は「売り手よし」「買い手よし」「世間よし」は、取引は当事者間だけでなく世間のためにもなるものでなければならないことを強調した考え方です。「ＷＩＮ—ＷＩＮ」以上の「ＷＩＮ—ＷＩＮ—ＷＩＮ」が日本では数百年前からあったのです。

商人道は神道、仏教、儒教、朱子学、陽明学を基にして、大和魂、武士道などの流れをくむ日本人の根本となる思想と哲学が商売にも融合していったのです。

武士の時代が終わり、明治時代に入ると、実業界には「和魂洋才」として産業振興が始まります。「日本の心を忘れずに欧米の優れた科学知識や技術を活用する」という意味です。ヨーロッパから法律の社会科学、生産技術の自然科学などを貪欲に取り入れて、西洋方式を追いかけました。技術導入を続け殖産興業と富国強兵を実現したのです。

そのなかで日本流の経営の源流としての道を示したのは、渋沢栄一であると考えます。その経営を端的に表現した著書『論語と算盤』に、この思想が現れています。「倫理道徳」と「商売」とが両立するという価値観を礎にする考え方です。

## 論語と算盤

得意時代だからとて気を緩さず、失意の時だからとて落胆せず、常操をもって道理を踏み通すように心がけて出ることが肝要である。

得意時代と失意時代とに拘わらず、常に大事と小事とについての心掛を緻密にせぬと、思わざる過失に陥りやすいことを忘れてはならぬ。

富を成す根源は何かといえば、仁義道徳、正しい道理の富でなければ、その富は完全に永続することができぬ。

大なる立志と小さい立志と矛盾するようなことがあってはならぬ。

人間はいかに円くとも、どこかに角がなければならぬもので、余り円いとかえって転びやすいことになる。

悪いことの習慣を多く持つものは悪人となり、良いことの習慣を多くつけている人は善人となる。

（「論語と算盤」渋沢栄一著）より

「真正の利殖は仁徳道徳に基づかなければ、けっして永続するものではない」渋沢栄一は言っています。

第一銀行や日本郵船、東京ガス、東京海上火災保険、王子製紙など五百社を超す多くの企業の設立に渋沢氏は関与していきました。「事業は、道徳を欠いては決して世の中に対して大いに力を伸ばすことはできない」と繰り返しています。

戦後これら日本の企業のなかで道徳と経済性が引き継がれたのです。

名経営者に共通するのは、その会社の生み出す財産を自らの家族に残すことなく公器として世に送り出したことです。そのため個人の名を会社名に残すこともよしとせず、同族に事業継承することもなかったことです。

戦後日本経済を牽引してきた会社の経営理念には珠玉の言葉が見かけられます。ときに哲学者か僧侶が考えたのではないかとまで思える経営理念が見られます。高い社会性と人類への貢献性を持つことと、それらの会社の実績を見ても、理念に則って道徳性も確保しながら、会社の収益性を両立させていったのでした。日本流の経営の第三の哲学はこの「道徳と経済性の融合」です。

私も参加している「未来創造型経営義塾」では、徳山昇順塾長から貨幣の本質的、本来的意味を教わりました。まずこう聞かれました。

「貧富の差を生み出すお金、この貨幣はどうして存在したか知っていますか?」

「いいえ、分かりません」

「貨幣と経済の原型は社会をよりよくする発想から始まったからです。貨幣経済の源流は四三〇〇年前にエーゲ海文明のときに、宗教家ヘルメスが開発した貨幣と貿易のしくみによるといいます。当時は物々交換の時代です。物々交換に参加できず略奪が横行するのを止め、相互に繁栄するシステムを宗教家ヘルメスが考え出したのです」

「経済の基のしくみは宗教家が救済のために考えたのが貨幣の仕組みだったのですか」

「そうなんですね。また東洋においても宗教での信者間の取引が最初になって経済が始まります。『信者』はうそをつかない、約束は必ず守る。よって信用があり取引をする、商売をする相手として最適である。そうした『信者』は商業をしても必ず儲けることができる。その本質から漢字に転じました。儲かるという字が『信』『者』が合体しているのはこのためだといわれます。貨幣経済の起源はそこから始まっています。今日その経済原則は起源の意義に戻る時期にきました」

「そうなのですね。よく分かります。『儲』という字は本質を言っているのです。ただいつの時代も貨幣を独占しようとする法人が出てきませんか」

「そうです。しかし本質を知らないと長続きはしません。『法人』というのも根源の意味があるのです。『法人』はもとは仏教用語である『法（ダルマ）』『人（アートマン）』からきています。つまり、秩序、保持を守るものという意味です。法人には、個人では及ばない力を相互扶助する意味があります。その役割には福祉や貢献の意味も含まれているものなのです」

「法人の意味を理解すべきなのですね。私利私欲に使うのは本質ではないのですね」

「法人の意味からも、経営の本質は『信』と『誠』と『愛』です。これらを法人のなかで経営者が追求すること。これが今後の世代の資本主義を担っていきます」

「分かってきました」

「アメリカ人も気づいています。人の能力をＩＱだけで計れないとしている多重知能理論のハーバード大学教育学部大学院のハワード・ガードナー教授は知っていますか」

「すいません、存じません」

「ＭＩ多知能の理論を唱えています。著書を読まれるといいですよ。彼は『アメリカの社会はこれまでは三つのＭに支配されていました。マネー、マーケット、ミーです。学生たちは、金持ちになること、市場を信じ、自分のことしか考えていません。……私たちはこれをエスセレンス（卓越・長所）、エンゲージメント（約束、義務、熱意）、エシックス（倫理・道徳）の三つのＥに変えなければなりません』と言っています」

二一世紀の貨幣の役割も法人の役割も元来持っていた役割に戻るタイミングに入ってきたのかもしれません。

# 強い企業は現場が活性化している

未来創造価値を高める日本流の経営の第四の哲学は、人間成長の場としての職場の確保です。

コミックの『スラムダンク』がどうしてこんなにも人気があるのかを分析した本は非常に切り口のユニークな本でした。そして本質を突く指摘は、バスケットのコミックを通じて武士道に通じる哲学と論語の道徳を主人公が語るからだといいます。その言葉が日本人に響くのです。

イチローの言葉が語録集になるもの同様だと感じます。イチローの言葉が日本人に響くのは野球を通じて人生哲学を語るからです。聞いて響く側の日本人にもこの精神性が引き継いでいるからではないでしょうか。

メジャーリーグでの日本人の活躍は米国のベースボールの範囲ではなく、野球道を極めようとしている姿です。サッカーも同様で一つのスポーツをサッカー道として極めようとしているように私の目には映ります。

日本人はある分野を突き詰めて、「道」という領域に高め、「茶道」「華道」「柔道」「剣道」「香道」などなど、あるものごとを道にしていきます。ある特定分野を高める進化の過程が開発や製造やサービスの現場において起こるのが日本の組織の特徴でした。

日本ではこの傾向が少しずつ後退していますが、近隣のアジアを訪問すると、こうした日本的経営の現場づくりが残っていることを逆に感じさせられるときがあります。

私の友人で中国大連市でニューランドシステム（DNS）を経営する劉社長がいます。日本企業のソフトウエアの開発とBPO（ビジネス・プロセス・アウトソーシング）事業を行っています。BPO業務では、経理・人事・総務の事業の日本企業の日本語でデータ入力の業務を請負います。会社は設立して四年で、すでに社員は二〇〇人を超えています。

大連の本社には、経営理念が掲げられています。また終身雇用、人材育成重視の方針を掲げています。日本的経営といわれた方策を打ち出しているのです。劉社長は流暢な日本語で語ってくれます。

「特に日本的経営を目指したわけではないです。創業する前には日本の企業と中国企業の七社で働いていました。その経験から経営としてベストな方法を選んだらこういう企業方針になったのです」

その劉さんの職場の方針は「**社員を育て宝とすること**」です。中国全土が血眼になって収益を追う中ですが、劉さんや彼の友人の大連の経営者と会うたび驚くのは、非常に日本的な経営感覚を持っていることです。

中国とともに感じるのは、韓国企業の活躍です。金大中氏から始まる芸能強化政策は中国でも韓流ドラマの人気を呼び、さまざまなファッションや消費財は中国でも韓国製が人気です。

この戦略の源流には韓国は国自体がベンチャー企業のように早い政策の意思決定と実効力を持っていることに起因していると感じます。大企業が一部分野でベンチャーに負けていく構図と、大企業体質で韓国という動きの早いベンチャーに負かされる日本という構図としてダブって見えてきます。さらに現在の大統領はソウル市長の前は建設会社の経営者であり、政治に経営感覚が生きているのだと感じられます。何よりも政策とトップの動きが早いことは見習う必要があるでしょう。

さて、話を戻します。韓国のベンチャー企業を訪問してみると、日本語の堪能な経営者と出会って話が弾むときがあります。オンラインゲームの大手NEOWIZの鄭（Che ｕｎｇ）副社長もその一人です。

オンラインゲームはハン（韓）ゲームとも言われる独自の市場分野です。日本のパッケージのテレビゲームとは全く違った発展をしました。ハンゲームはオンラインですので、「中国のＰＣ房（ネットカフェ）」の普及に乗りました。ゲーム参加は無料ながら、有料ゲームアイテムをＰＣ房で買うというビジネスモデルが大当たりします。さらに仲間と共にバーチャル世界に入るというソーシャルゲーム性が人気を呼んでいます。中国でも急激に市場を伸ばしています。ハンゲームは日本にはほとんど入っていないので馴染みがないのですが、世界のゲーム業界のシェアで急成長しています。

さて、ＮＥＯＷＩＺの鄭副社長と話をしました。

「ハンゲームは日本のゲームメーカーのように天才的なクリエーターが必要ではありませんでした」

「そうなのですか、御社の雰囲気が日本ゲームメーカーとは違う印象もそのためですね」

「キャラクターも必要ないし、オンラインゲームなので新商品をスタートするときはベータ版（試作版）から始められます。人気に応じて改良が可能なのです」

「日本のゲームのように完成品にして、発売までに何億円と開発費をかけなくていいのですね」

「そうです。開発の資金負担は桁違いに低く抑えられます。求められるのはソフトウエア企業としての総合力なのです。ゲーム性以外で重要なのは、一度に何千人、何万人がアクセスしても大丈夫な通信制御技術、データベース技術、セキュリティー技術などです。そのためには社員教育が欠かせません。社員が辞めないように会社に魅力を出せるようにもしています。さらにチームワークで仕事にあたる重要性を喚起し、ストレスのないスムーズなコミュニケーションを確保してます。きっと日本企業以上に日本的経営をしていると思いますよ」

こうして韓国と中国東北部にかけて日本流の経営が受け入れられる土壌があることを感じます。これらの企業も決して日本を見習っているわけではないですが、仏教儒教を基にした思想発想の下地があるから、共通した価値観を持てるのだと言えます。

トップダウンでだけ新たな価値創造が起こるわけではなく、現場に近いところでこの進化と創造が起こります。また現場の創造性にとって重要なのは、参加者である従業員が楽しむ循環が生まれることです。

従業員が集まり相互の協力で組織としての力を得るようにする。これももともと日本人のなかに継承されたものです。こういった現場の確保は未来価値を生み出すためにも日本流の経営にとっても重要なものになります。

トップは本気で人を育てる組織であることを会社の内外に示していく。そして会社の仕組みのなかで次の三点を「従業員を育てる柱」として完成できれば、最高に強い組織になります。

第一に仕事の専門知識やスキル、仕事を手際よくする**「職業人としての能力」**。生活をするためにも企業に役立つことを明示できる能力であり、身に着けば転職も可能になる能力。これを磨ける制度です。

第二に、**「働きがいのある仕事」**が味わえる仕組みです。高度な仕事にチャレンジする、それを評価する仕組みがあり、給与という報酬に対する労働以上の精神的要素を仕事に見出せるようにします。

第三は、**「人間としての成長」**が味わえる仕組みです。仕事の壁や人間関係の問題を乗り越えていく、また人間として磨かれる機会が与えられている。明確に仕組みにまで組み込まれなくてもトップの意識としてあるかいなかで変わります。

こうした現場環境づくりと人材育成が未来価値を生む日本流の経営の四つ目の哲学になります。

## 未来創造価値と日本流の経営が社会基盤をつくる

未来価値の創造する経営に関しては、「理想論である」「青臭い理屈だ」「きれいごとだな」と指摘されています。確かにその指摘も理解できます。収益を上げなければ会社運営を継続できないことは間違いありません。ただし、今世紀の経営にはこれぐらいの理想論と収益の融合が求められます。これらの融合で成功する経営者を世に出さなくてはならないと感じています。

あるとき日本で仕事をしているソフトブリッジ社のプラシャント・ジェイン社長と話をしました。彼はインド生まれで一〇歳から米国で育ち、ＭＩＴ卒業後に日本で仕事をし現在はシンガポールと日本とインドに会社を持っています。

「建設ラッシュのインドにおいて工事現場の労働者は、全国の現場を転々とします。出稼ぎで男性だけが単身で赴任するのではなく、家族を連れて現場から現場へと移るのです」

「そうなんだ」

「子供を含めた家族は頻繁に生活の場所を変えることになり大変です。そういった建設労働者の家族を支えるＮＰＯもありました」

「ＮＰＯで？」

「女性の代表のＮＰＯ法人です。インドではカースト制の上位者がよくＮＰＯ、ＮＧＯを設立して社会福祉か公共サービスとも言えるほどのボランティア活動をしています」

「なるほど」

「国として制度が完成されていない点、宗教的に施しをできる人が施すというのが、自然と社会福祉の原理になっているのです」

「日本ではお金持ちがそこまでのことはできないですね」

「日本は法人税が高いし、社会保険も従業員と会社両方で負担している制度ですね。だから、会社からたくさん社会福祉の元になる税金を国が取り込んで、国がその分の社会福祉をどう行うかを決めるシステムを持っているわけですね。スウェーデンやデンマークよりも負担は低いけど、その分すべて社会保障でカバーされるわけではないですね」

「確かに、北欧の高負担で高福祉国程は、国民の負担は高くないけど社会保障の範囲も限定的で日本人はそれなりの負担をしながらも老後の不安を抱えるという状態だね。米国や中国よりは社会福祉はしっかり存在はしているけど」

「インドよりも格段に社会福祉がある。インドは国がまだ手が回らないからね。米国はそのつもりもあまりない」

「なるほど。ところで、日本人が幸せ感を感じられないのはどうしてだと思う?」

「日本で一〇年働いても家も買えないのはクレイジーだね、基本的な物価が高く、何かにつけコストがかかるからだと思うけど。日本人の働き方で米国で一〇年働けば、プールつきの家は買えるよ」

「PJは今はシンガポールのグリーンカードを持っているけど、シンガポールは生活しやすいのでしょ? 一人当たりのGDPも何年か前に日本を超えたよね」

「シンガポールは金持ちには有利だけど、金持ちと特殊スキルのある人以外は住みにくいだろうね。お金を稼げる人をどんどん増やしていけるという国か、社会福祉が必要のない人が住んでいい国かな」

「シンガポールの法人税はどれくらい?」

「シンガポールの法人税は一七%ぐらい、日本の法人税というか実行税率は四十数%だから半分以下だね」

「企業のミッションは東南アジアでは重視されるかな?」

「東南アジアの会社はほとんどが華僑系の同族経営であり、経営側のファミリーの利益が優先されるね。一部米国でＭＢＡコースで学んで帰国した若手がミッションステートメントを打ち出している。しかし、ミッションステートメントを明示することはあまり多くない。米国より英国的でもあるので、経営側はエスタブシュメント（支配者）という感じで、日本的な経営感覚はないよ。僕は経営理念を尊ぶ日本的な考え方が好きだけどね」

この会話の最中に気づかされて、思いついたことが二つありました。

一つは、未来価値を創造できる新たな経営者が、会社の運営を通じて日本を救うことになるまいか、ということです。未来価値を生み出せる会社が多く揃ったら、日本を支える新たな仕組みをつくるかもしれません。

現在、日本の資本主義では幸福感や将来の安心感を持てなくなりました。

未来価値を創造できる会社が中心になれば、会社の生み出す製品やサービスの付加価値に加えて、さらに会社の存続自体が社会貢献の付加価値をもたらす。収益は最終的に国民経済的にも役立つ。従業員として抱える雇用、職場として人生の半分以上を使う場所としての法人という場もできます。

国の社会福祉政策でもなく、現状の社会システムのなかで、使命を果たせるのはそういった志の高い起業家に率いられたＶＢによるのではないでしょうか。そうなれば、会社が日本で本当に必要とされるものになります。そこまでの経営ができる人、そうしたことが実現できた経営者たちにより進化した資本主義が生み出されるのかもしれません。

もう一つは、社会貢献性の高い会社、未来価値のある会社に対して優遇税制がとれないものかということです。日本は会社を通じて組織される社会主義の制度をとっていると言われます。高く設定された法人税の実効背税率。多額の税収を国家が持ち、その使い方を国と政府が決める方式です。その使われ方はまだ見えないところが多い一方、多くの日本人が将来の不安を感じながら生きています。社会保障の仕組みにもほころびが出始めています。

これまでの会社と政府の役割の分担は、会社は納税によって資金源を納める側で、政府はインフラ投資、社会保障、各種政策を予算として使う側の構造でした。未来価値の高い企業は、活動がユーザーの満足を得て、従業員の精神面も潤し、その業務活動自体が社会保障分野の代役を占めていく可能性が高いといえます。よってそういった貢献会社に対してはすでに社会保障を事業のなかで負担したとみなして、減税対象にしてもいいと感じたのです。

# 第8章

## 二一世紀の事業トレンド

次ページの表は総務省の情報通信白書の資料です。

ＩＣＴ事業者（電機通信機器事業者）で売り上げ一兆円以上の世界の企業の創業年別の一覧です。国地域別で見えるようになっています（出所：平成二〇年情報通信白書）。創業時期別に社名が入っているのが特徴の表です。

この表からこの五〇年に世界に出て行き成長したＩＣＴ分野の会社でかつ創業経営者に率いられた会社は日本に存在しないことが分かります。二〇世紀後半に最も成長産業であったソフトウエアを含めたＩＣＴ分野では世界に出た日本の会社はなかったということです。

２３２ページの資料（上）は国内のシェアと海外のシェア両方に強い製品をマッピングした資料です。そしてそれを日米で比較しています。

日本の製造業が近年の製品においては、国内勝負のほうが増えているのではないかと感じられます。日本の国内マーケットは必要以上の過当競争になり、そのコストは消費者の負担になっているのかもしれません。

同じく下の表では、製造業の年商五〇〇〇億円超えの企業名を創業時期別に表したもの

## 創業年別に見た世界主要情報通信企業（年商1兆円以上）

出所：総務省　平成20年通信白書

| | 日本 | | 北米 | | 欧州 | | アジア | |
|---|---|---|---|---|---|---|---|---|
| 1990年～ | | | Google | 1998年 | Infineon | 1999年 | AU Optronics | 2001年 |
| | | | | | | | Asustek | 1990年 |
| 1980年～ | (NTTデータ) | 1988年 | Qualcomm | 1985年 | STMicroelectronics | 1987年 | Quanta | 1988年 |
| | | | Dell | 1984年 | | | Lenovo | 1984年 |
| | | | Cisco | 1984年 | | | Compal | 1984年 |
| | | | Sun Microsystems | 1982年 | | | | |
| 1970年～ | | | Seagate | 1979年 | SAP | 1972年 | Acer | 1976年 |
| | | | EMC | 1979年 | | | Hon Hai | 1974年 |
| | | | Oracle | 1977年 | | | | |
| | | | Apple | 1976年 | | | | |
| | | | Microsoft | 1975年 | | | | |
| 1960年～ | | | SAIC | 1969年 | Nokia | 1967年 | Samsung | 1969年 |
| | | | Intel | 1968年 | Cap Gemni | 1967年 | | |
| | | | EDS | 1962年 | | | | |
| 1950年～ | 京セラ | 1959年 | CSC | 1959年 | | | LG電子 | 1958年 |
| | 三洋電機 | 1950年 | | | | | | |
| 1930年～ | ソニー | 1946年 | Tyco Electronics | 1941年 | | | | |
| | セイコーエプソン | 1942年 | HP | 1939年 | | | | |
| | キヤノン | 1937年 | Texas Instruments | 1930年 | | | | |
| | リコー | 1936年 | | | | | | |
| | コニカミノルタ | 1936年 | | | | | | |
| | シャープ | 1935年 | | | | | | |
| | 富士通 | 1935年 | | | | | | |
| | 松下電器産業 | 1935年 | | | | | | |
| | 富士フイルム | 1934年 | | | | | | |
| 1900年～ | 三菱電器 | 1921年 | Motorola | 1928年 | | | | |
| | 日立製作所 | 1920年 | IBM | 1914年 | | | | |
| | オリンパス | 1919年 | Xerox | 1906年 | | | | |
| | 東芝 | 1904年 | | | | | | |
| ～1900年 | NEC | 1899年 | Nortel | 1895年 | Alcatel-Lucent | 1898年 | | |
| | | | Eastman Kodak | 1880年 | Philips | 1891年 | | |
| | | | | | Ericsson | 1876年 | | |
| | | | | | Siemens | 1847年 | | |

出所：平成20年情報通信白書

## 日米両国の企業の製品別国内外シェア

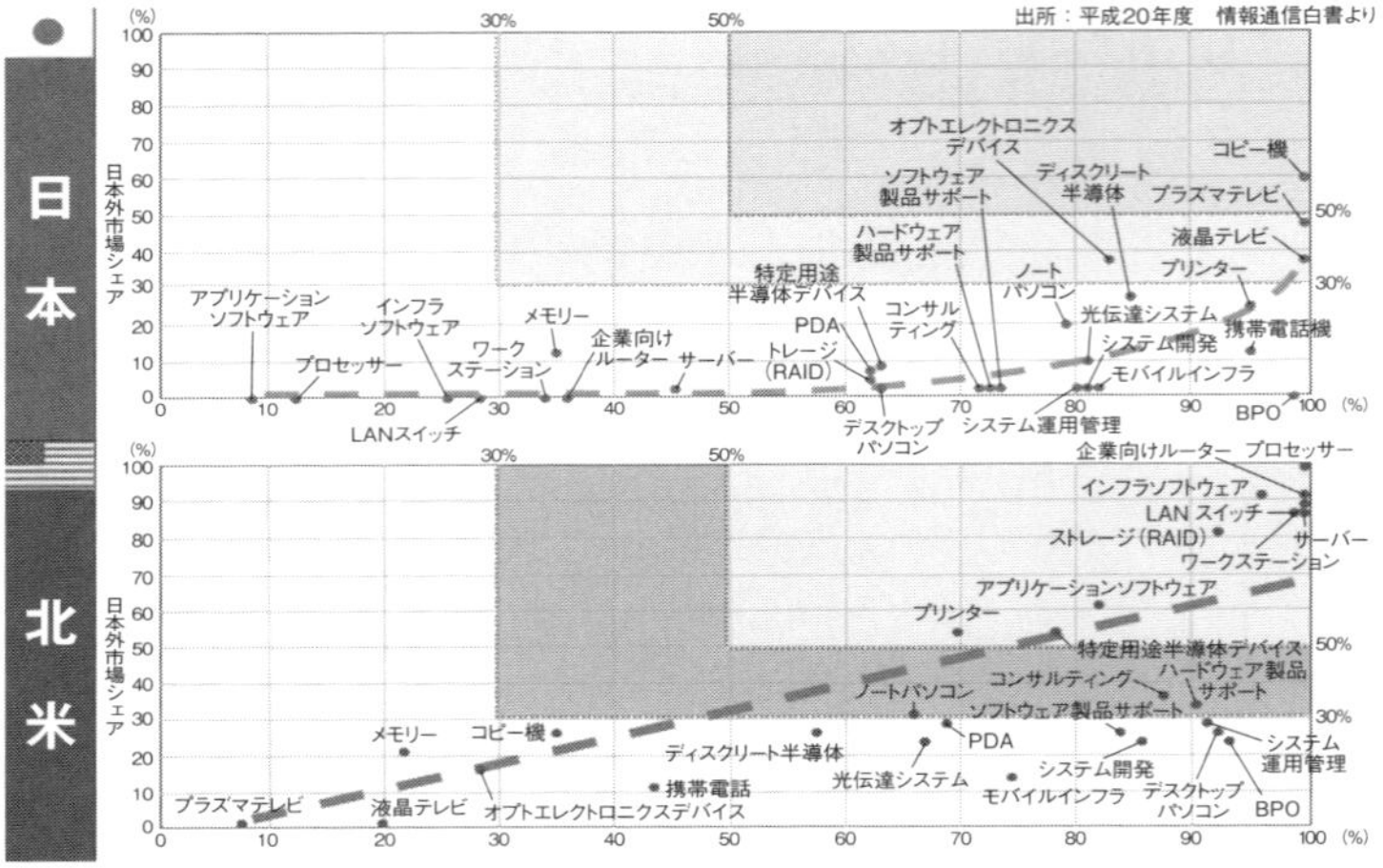


出所：平成20年情報通信白書

## 創業年代別に見た起業家創業による会社

| 創業時期 | 年商5000億円超の企業グループ |
|---|---|
| 2000年代 | |
| 1990年代 | |
| 1980年代 | ソフトバンク、ドンキホーテ |
| 1970年代 | 日本電産、ビックカメラ、ケースホールディング、大東建託、レオパレス21、ヤマダ電機、イオン |
| 1960年代 | セコム、ファーストリテーリング、積水ハウス |
| 1950年代 | 京セラ、三洋電機、ヤマハ発動機、KDDI（KDD）、ダイエー |
| 1930年～1949年 | ソニー、ブリジストン、セイコーエプソン、キャノン、リコー、アイシン精機、富士通、ＴＤＫ、富士フィルム、大和ハウス、村田製作所、パイオニア、旭化成、日本製紙、昭和電工、デンソー、アルプス電気、岩谷産業、荏原製作所、オムロン、カシオ計算機、セブンアイホールディングス |
| 1900年～1929年 | スズキ、シャープ、三菱電機、日立製作所、オリンパス、東芝、小松製作所、キリンビール、ダイハツ工業、東レ、ダイキン工業、信越化学工業、味の素、松下電器産業、本田技研工業、富士重工、いすず自動車、旭硝子、日野自動車、住生活グループ、ジェイテクト、ミノルタ、マツダ、 |
| ～1900年以前 | ＮＥＣ、トヨタ自動車、武田薬品工業、IHI、川崎重工、王子製紙、花王、クボタ、アステラス製薬、ブラザー工業、資生堂、コニカ、日東電工、鹿島建設、清水建設、大林組、大成建設、アサヒビール、任天堂 |

です。

売り上げ五〇〇〇億円以上という売上高を成長基準の一つとしてとらえての簡易な見方ですが、この三〇年以内の創業企業であるとすると流通事業者の成長が目立ちます。メーカーでは日本電産を最後にグループ合計でその規模に達する会社が存在していません。

## 上場企業が減少している理由

二一世紀当初はネットビジネス企業の百家絢爛となり、新しいビジネスのネットバブルが到来。新規上場も急激に増大しました。二〇一〇年現在、その新規上場ブームも崩壊し、上場廃止の増加があります。上場ブーム後の揺れ戻し期にあります。禊ぎの時期とも言えます。

上場企業数のここ数年の減少は多く、またいったん上場を行った企業が今は株式市場では上場廃止を選ぶことも増加しています。ＭＢＯ（経営陣による株式の買い戻し）により、元のオーナー企業に戻す傾向が目白押しです。

ただ上場廃止の理由に注目すると、問題点を浮き彫りにします。ＭＢＯ以外の廃止理由は、「倒産」と、「上場の基準を満たせなくなる」などの上場廃止理由が増えています。

ネットビジネスバブル、上場ブームのとき、さまざまの企業が台頭しました。売り上げ拡大、新規上場、資金調達、キャピタルゲインを得る。上場後Ｍ＆Ａで拡大といった企業行動です。

これは二〇世紀型の最後の政策的実験と言えます。即時性のある物質的な富をキャピタルゲインによって得られると経営者を刺激した場合どれぐらいの経済効果が見込めるかというものです。そしてそれは即時性はあるが持続性はないという結果が出たということです。

電器量販店のラオックスはオーナーが中国企業となり、レナウンもオーナーは中国企業になりました。こういった動きは上場企業だけではなくVBや中小企業の資金調達先においても押し寄せています。中国人投資家と中国企業の日本の中小企業の買収意欲も盛んです。

## 中国が狙う日本企業とは?

あるとき中国企業が買収したい会社のリストを見せてもらうことがありましたが。一〇年前にVCとして投資しようとして訪問していた企業名が並んでいました。グローバルニッチ（市場は小さいが、世界でトップシェアの中小技術系企業）として有数VBや中小企業が会社ごと買われる対象になっているのです。

最近は技術テーマを絞り込んで探す中国企業、中国人投資家、中国政府機関が増えています。日本においても最新技術を求めています。近年日本国内のVCの投資活動がスローダウンした環境下、そのアプローチは日本のVCの行動よりも早いです。こうした情報に触れるたび、日本の技術面の安全保障ということも考えさせられてしまいます。

戦後日本は高度経済成長時代とその後の一九八〇年代以降、米国から求められる市場開放、会計基準、経営指標の導入を進めてきました。日本企業はそれらを受け入れることがグローバル化と信じて取り込んできました。バブル崩壊後は外資の日本進出が増加するなかで金融市場開放が起こりました。その中心的思想は、経済学者フリードマンの「新自由主義」で、「市場経済は万能」というものでした。この米国の経済学者の市場至上主義の考え方は「資本主義は市場を一番尊重しなければならない」というもので、欧米とのフェアな取引のために「自動調整機能のある市場を解放しなければならない」「市場を自由にしておくことが資本主義の第一ルールである」と信じ切って、市場開放に向かっていきました。

そして市場原理にしておくことは、市場参加者の判断が経済合理性で働く。その市場の自動調整機能によって最適な配分をするように機能する。これが市場資本主義の根幹であり、金融資本主義の原則であると信じていました。

しかし、市場が出す結果が人々にとってよいものになるとは限らないのも市場経済です。一九九〇年代のアジア通貨危機は「市場の調整機能は国にとって有益とは限らない。国民のためにもならない」ことを顕在化させると同時に教訓になりました。関係する国家が危機になることがあっても市場経済はルールとして尊重されるべきものであったのか。市場経済の帰結なのだから、結果は受け入れるしかないということだったのか。市場の機能が万能であるという価値観をもう一度見直す機会を与えられています。

## 二一世紀の事業トレンドはこれだ！

現在の日本の経済環境から今後VBとして出てくる事業分野は何が有望か、それも世界に販売していけるものは何かを考えてみました。まず次ページにある企業や商品分析の際に使うSWOT分析表（238ページ）は、日本のVBを含んだ産業全般に言えるものです。その中からVBが世界に出ていける成長企業分野が垣間見えてきます。

### ①エネルギー分野

世界的に環境事業と関連するクリーンテック事業は注目です。省電力の技術製品。CO

## 日本の産業SWOT 分析

### 1．Strength　内的要因の強み

- 有望な独自技術の宝庫
- 日本的おもてなしのサービス事業
- サービス事業としての医療分野
- 国内競争での品質向上

### 2．Weakness　内的要因の弱み

- 外国への販売力不足
- 高齢化の加速　労働人口の減少
- 国の政策、企業の動きのスピードの遅さ
- 日本国内の過当競争による疲弊

### 3．Opportunity　外的要因の機会

- 中国など近隣アジアに消費市場の拡大成長
- COOLジャパン、日本のPOPカルチャーの世界での人気
- クリーンテックの世界的要求
- インド、インドネシア市場の立ち上がり

### 4．Threat　外的要因の恐れ

- 中国マーケットのバブル崩壊
- 米国マーケットの減速
- ＥＵ統合による五億人のマーケット
- 石油等のエネルギー・原材料の輸入依存

2削減の技術製品、発電システムは技術系ＶＢの活躍できるチャンスがあります。

エネルギー源は、一九世紀にはＨ２Ｏの時代（水蒸気エネルギー）と言われ、二〇世紀はＣの時代（化石燃料エネルギー）、二一世紀はＨの時代（水素エネルギー）になると言われています。

水素をエネルギー源とする今世紀は水で電気を蓄え、水から水素と酸素を高効率で取り出すことが可能になります。現在、燃料電池は水素の供給を石油や天然ガスから分離して送り込みますが、水だけでまかなえるのも近いはずです。燃料電池が水だけで稼動する可能性も秘めています。

そうすると、次世代のハイブリッドカーは自ら分離した水素を燃焼させる内燃機関と、自ら分離した水素を燃料電池に使う、全くクリーンな自動車ができ上がるはずです。

二一世紀の日本を支える輸出産業は電池でしょう。充電時間の放出時間がより短くなる充電能力。高容量が蓄えられる電池。安全な燃料電池。次世代の二次電池（鉛蓄電池の代替）などが考えられ、高効率小型化により二一世紀の産業のコメは電池だと推測できます。応用範囲は自動車、二輪車、建設重機、ロボットと広く、そして航空機の動力源も夢でなくなるはずです。素材やモジュールなどの分野ではVBの活躍のフィールドがあります。

**②ロボット技術**

二一世紀は労働力としてのロボットの普及が始まる世紀になります。職場や家庭の中に普及すれば、労働力としてのロボットの活用が始まります。

逆に、ロボットが人間の仕事を奪っていくとも言えます。日本の労働人口減少をロボット労働力が支えるようなるかもしれません。人間はより人間しかできない仕事をすることになり、人間として何を生み出すかということを見つめ直すことになるでしょう。

さて、自動車がEVや水素ハイブリッド車に移行してしまうと、部品点数は相当数が減少するといいます。電気自動車は移動手段としての家電の一つになるかもしれません。

ロボットはあらゆる技術の集合体です。センサー技術、蓄電池技術、充電技術、言語処理、回転モーター、リニアモーター、画像処理、音声技術と裾野の広い産業になるはず。部品点数は今の自動車製造以上かもしれません。セットアップメーカーの下に多数の部品企業が必要になるといえます。多くのＶＢのビジネスチャンスをもたらす可能性がある分野です。

### ③農業ビジネス分野

今後の日本の国家としての食の安全保障を確保し、国として本来あるべき姿にする事業分野でもあります。農業分野では脱サラ農家やノギャル（農業ギャル）が増えると、産業としての見直しが起こってきます。採算性があり、国民を健康にすることで医療費削減にも貢献する事業です。食の安全保障も担保できるものです。

最近の米粉の普及は減反政策の見直しが入っているからとも思えますが、輸入小麦に頼らず、日本人の健康回復のためにも重要なビジネス分野です。フランスのように食物自給率一〇〇％以上に向けた日本の農業ＶＢも今後期待できます。

### ④大学発の技術分野

技術分野に関しては、まだまだ埋もれている技術があります。再発掘するにはもう一度大学発ＶＢを見つめ直すことも有効です。小泉政権下二〇〇一年に発表した大学発ベンチャー創出拡大の政策で、その数は一五〇〇社以上に達したといわれます。

大学発ベンチャーで有望な技術がまだ日の目を見ないことは多いはずです。この技術を有効に日本の成長に役立てるには経営者が必要です。技術シーズは全国の大学に存在しています。製品化が近ければ、起業家マインドのある経営者とマッチングをしてマネジメントチームを組成します。それができたところで成長のための資金投入をすると、多くの新規事業が生まれてくるはずです。

### ⑤提携型の海外展開

これは特定の事業分野の話ではなく、技術系ＶＢの成長モデルとしての話になります。それは、これまでの成長モデルと逆の展開を持っておくと考える必要があります。海外での事業展開を日本国内展開の前に行うことです。

これまで技術開発型や製品開発製造型のＶＢは、技術開発後、日本のマーケットで軌道に乗せてから、海外のマーケットに進出するという成長過程をとってきました。しかし、これまでの国内の次に海外展開という順序だと展開のスピードで負けかねません。技術開発とともに対象国のマーケットに直接技術を持ち込んで提携先と組み、量産に持ち込み市場を押さえた上で、その後世界展開の一環として日本にも持ちこむという事業の流れが、今後の技術系ＶＢの戦略になってくるでしょう。

## ⑥技術の売り込み商社

これまでＶＢは製品で勝てても商売で負けることのほうが多かった。その反省に立ち、今後日本で起こる現場発のイノベイティブなものを日本のＶＢのチャンスにして同時に仕事にもします。

日本の本当の強みを強化するには、世界のメーカーに向けて日本の技術を売り込むことであろうと考えられます。その技術を世界中に売り込み、元の技術の権利を確保しながら市場を開拓をしていく。そうした技術商社機能、技術斡旋のＶＢです。これらは大手商社にとっては商売規模が小さく取り扱わないものも多いので、この商社ＶＢも有望なニッチ成長分野です。

こうした展開を日本からインドに向けて行うケースも出てきています。日本の技術がインドで生産され、インドマーケットと中東で普及した後に低コストで日本に入ってくるというような流れも考えられます。

# あとがき

サブプライムショック以降、「マネー資本主義」の終焉が叫ばれています。市場が至上であることを前提にした仕組みが限界を示しました。

日本ではバブル崩壊後に中小企業政策は一九九〇年代後半からネットビジネスブームと上場ブームへとつながっていきました。ＶＢと起業家に名声と金銭的豊かさを追い求めさせたら、どの程度経済効果があるかの実験だったととらえられます。実験は終わり、調整期に入っています。今は上場廃止ブームともいえます。

二〇世紀は物質文明の世紀でした、物質的豊かさを追い求め、競争をすることを原理原則とした世紀でした。それは自分たちが物質を購入できる貨幣を自らの手にどれだけ集めることが一つの価値観の時代でした。家計においても企業においても国家においても、豊かさは必要です。明治も戦後もまずは貧困からの脱出が命題でした。経営においても、一定の成果を日本は手に入れたと言えます。

今日の日本の基礎をつくっていった会社は明治・大正・昭和初期においては、会社のあり方を高潔な理念に基づいてつくられていました。そして名経営者は収益だけを追い求めても、手に入らない摂理があることを理解していました。会社をつくっても人類への貢献・社会への貢献を真摯に追求しないと、会社が存続できないことを知っていたのだといえます。

二一世紀のＶＢ経営はまたそこに回帰しています。正確には回帰しているように見えながら、一段上のレベルに上がっていると言えます。それは螺旋階段を上がっていって、もとの場所に戻っているようにも見えます。経営に求められるものも「誠実」「信義」「愛」に移っているのです。

二一世紀は経営者に愛情がない限り、会社の成功はあり得ない時代になりました。そして経営者は人間としての完成度が必要な時代になりました。

そうして経営者となっていく人は貨幣資本主義以降の次の資本主義をつくるリーダーになっていくはずです。

急激な世界情勢の変化が始まっています。二一世紀はアジアが中心となる時代が来ます。

日本の国の運営においては、リーダーがより必要になります。優れたリーダーたちによって、また日本はすぐに活力に満ちた国として成長ができるはずです。しかし、これまでもなかなか簡単にはいきませんでした。問題はリーダーの候補と選び方にあるのではないでしょうか？

今世紀、日本の国のリーダーは政治を生業にしてきた人々にもう任せられないのかもしれません。官僚から転身する人もしかりです。税金によりオートマチックで集まった財政資金を使うことしか考えたことのない人たちに国としてのリーダーは任せられないのかもしれません。国家にも経営チームが必要なのだと思うのです。

日本の国のリーダーたちは自らリスクを取り、儲けたことのある経営経験者である必要性を最近では感じています。ただし国家を経営できるのは、サラリーマン出身の経営者ではなく、もともとはＶＢから始めた創業経営者です。そして自分個人の利益を追求した人ではなく、善意を持って大きな「志」を貫き成功に導ける人物、未来創造価値をつくり出せる人物でなくてはいけません。こうした人が次世代の日本国の経営に乗り出す人になると考えられます。

ビジョンや戦略を持った組織、国民を雇用する視点、福利厚生としての社会保障、同時に国民の消費行動は消費者ニーズとして見る視点など、国家を一つの会社と見立てて、経営をできるリーダーが必要です。外交は戦略的思考の最も求められる部分です。国家を組織として発想し運営できるのも優れた経営者の思考が必要なのです。

今世紀がアジアの時代になり、日本の役割はアジアにおいても世界においても必要になります。明治以降一五〇年余り日本は欧米の近代化した社会システムを取り入れながら、発展をしてきました。しかし日本人の思想の根底には二〇〇〇年以上も東洋の思想が独自にはぐくまれています。そうした日本、そして日本人にある役割が今世紀に日の目をみる時が来たのだと感じます。

昭和初期に内村鑑三が言っています。

「日本人は精神的民族である、日本人が信義に鋭敏なるは、これ精神界において神と人とに尽くさんためではあるまいか」

今世紀はこの役割が志を持って起業を目指す人たちに託されることになります。

最後に、本書を書くきっかけを与えていただいた木寺祥友様にまず感謝を申し上げます。またビジネス社の岩崎英彦様には、一年半にわたり、根気強く指導をいただくとともに、さまざまなアイデアをいただいたことにも感謝を申し上げます。

前職のベンチャーキャピタル時代からの長い付き合いになった山口英昭様、本書の当初のコンセプトづくりから原稿の細部の手直しを何度もお手伝いいただきました。長時間にわたりプライベートの時間で協力していただいたことを心からお礼を申します。

また女性の視点でさまざまな助言を頂戴した小沼絵美様、そして本書の構成やマーケティングにあらゆるアドバイスを頂いた内田朋恵様、誠にありがとうございました。

そのほか本書にかかわり多くの助言とアイデアをいただいた皆様にこの場を借りて御礼申し上げます。誠にありがとうございました。

## 著者略歴


**久野正喜（くの・まさき）**

投資利回り２５％を誇る伝説のベンチャーキャピタリスト／ＧＨソリューションズＣＥＯ

金沢生まれ、その後徳島で育つ。中央大学卒業。

１９８９年ベンチャーキャピタルの日本アジア投資に入社。総務経理、社長秘書、投資企画課長、仙台支店長、投資企画部長、ＩＦファンドマネージャーなどＶＣ業務全般を網羅。在任中は第一線のキャピタリストとして投資部門でトータル８年以上を過ごし、流通ベンチャー、ネットベンチャー、バイオベンチャーなどの企業に幅広く投資する。在籍中に出合った経営者は３０００人を超え、ベンチャー企業の栄枯盛衰を数多く見てきた。また１９９９年から２００２年にファンドマネージャーとして組入れ運用したファンドは驚異的運用成績を持つ（投資利回り２５％以上、投資成功率３０％）。

ベンチャー企業の特性を知り尽くした経験を生かして、２００２年より創業経営者およびベンチャー企業向けのコンサルティング事業会社ＧＨソリューションズをスタート。ベンチャー企業の事業戦略コンサルティング、企業ミッションとビジョンのコンサルティング、資金調達、新規事業アドバイザー業務およびＭ＆Ａの業務を行っている。同時に起業家育成のための講習会、創業経営者のコーチングし、次世代の経営者育成にも尽力をしている。

ＧＨソリューションズＨＰ　http://gh-s.jp/

ブログ　http://ameblo.jp/ku-on07/



## 会社を成長させるたった１つの法則

2010年11月７日　第１刷発行

著　者　久野 正喜

発行者　鈴木 健太郎

発行所　株式会社ビジネス社

〒105－0014　東京都 港区芝３－４－11（芝シティビル）

電話　03（5444）4761（代表）

http://www.business-sha.co.jp

カバー印刷・本文印刷・製本／大日本印刷株式会社

<編集担当>岩崎 英彦　　　<営業担当>山口 健志





ISBN978－4－8284－1601－4